武学秘境一句诀

WUXUE MIJING YIJUJUE

杨珊 著

人民体育出版社

图书在版编目（CIP）数据

武学秘境一句诀 / 杨珊著. -- 北京 : 人民体育出版社, 2025. -- ISBN 978-7-5009-6576-3

Ⅰ. G852

中国国家版本馆CIP数据核字第2025DN1476号

武学秘境一句诀

杨珊　著

出版发行：人民体育出版社

印　　装：北京盛通印刷股份有限公司

开　本：787×960　32开本　　印　张：15.875　　字　数：206千字

版　次：2025年6月第1版　　印　次：2025年6月第1次印刷

书　号：ISBN 978-7-5009-6576-3

印　数：1—2,000册

定　价：58.00元

购买本社图书，如遇有缺损页可与发行与市场营销部联系

联系电话：（010）67151482

社　　址：北京市东城区体育馆路8号（100061）

网　　址：www.psphpress.com

序

一直很想写本武术方面的书籍，比如武侠小说、习武随笔，抑或是武术研究论文之类。过去四年，我看了大量的武学论述，发现很多书洋洋洒洒数万字乃至数十万字，整本或整套看下来也就一两句话有价值。另外还阅读了很多道家典籍，我发现书中各种隐晦的名词极其『烧脑』，古人绕来绕去无非是担心修道炼丹的真诀天机被泄露。俗话说『假传万卷书，真传一句诀』。于是我就想结合自己多年的习武心得体会，做一本言简意赅的内功心诀，帮助更多的武学爱好者探索身心秘境。

正如李小龙所说：『我无法教你什么，只能帮助你探求你自己。除此之外，别无他法。』当然我的初衷也只是抛砖引玉！古人还说『大道不言开口便错』。我们知道练武修道师承与引路人不可缺，但更重要的是要靠自己体悟才能功夫上身。

武境秘诀千万种，我的诀就是『一』。一可万变，以一持万。先归零，再求一点，然后两点成一线，而后三点成一面……『给你一趟拳不给你一手，给你一手不给你一句话。』这是江湖常态。但我想反其道而行之。因此，本书取名武学秘境一句诀，内文条目中也多以『一』构句。但就算你一下子悟进去，也要一点一点练出来。正如我的视频号签名为『出相入象』，需要化脑子。而功和理都得体悟，得面对面交流。

四体百骸终归一气，一动无不动，一合无不合。我们说『一个人、一件物品』就可以明确道出区别。深入了解就得包含家族、亲属、学历、财产等信息资料；物品的功能、材质、用途、价格、工艺等说明内容。甚至可以无止境地追踪下去……随之渐渐忘记本质的意义，陷入混乱的文明弊端。为学日益，为道日损。修行修炼就是要去掉多余东西，返璞归真。

本书『致公武学说』部分，也是想以最简洁的语句借用现代自由诗体来呈现。把武学涵盖或涉及的基础内容做个梳理，具体的修炼方法可以从前面的诀句里去发掘、斟酌参考。希望能让初学者快速入门，为习武者提供能量补给。当然，也欢迎武林高手们批评指正。

2023年6月8日

目录

首字『一』字诀

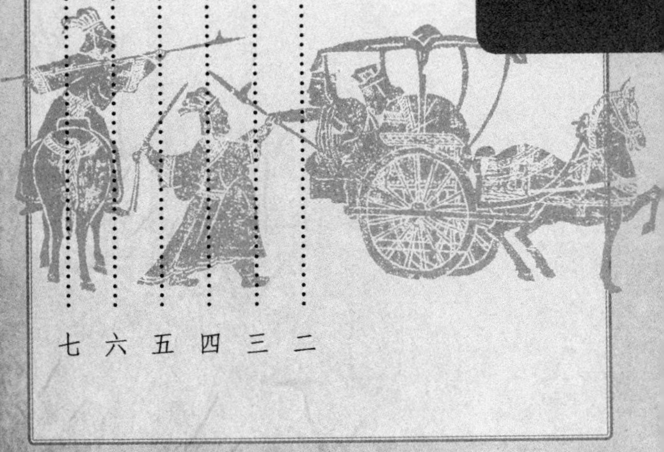

7. 一吸天地开……八
8. 一息天地合……九
9. 一道生万物……一〇
10. 一球化千招……一一
11. 一松五行和……一二
12. 一通八卦顺……一三
13. 一敛太极定……一四
14. 一渗透敌身……一五
15. 一力降十会……一六
16. 一巧破千斤……一七
17. 一螺旋由顺逆……一八
18. 一息内行为守……一九

19. 一息外放为攻 …… 二〇
20. 一重心 一虚领 …… 二一
21. 一念天地宽 …… 二二
22. 一气着 一气撤 拳顺可养 …… 二三
23. 一有全有 全有方可一有 …… 二四
24. 一气伸缩可器可养 …… 二五
25. 一出东西便有南北 …… 二六
26. 一层功夫一层理 …… 二七
27. 一力龙虎求 张力十足 …… 二八
28. 一瞬坚刚 十年揉炼 …… 二九
29. 一内一外 筋膜寻劲 …… 三〇
30. 一整一散 收放自如 …… 三一

31. 一开一合　天地同息……三二
32. 一起一落　虚灵腾挪……三三
33. 一出一入　真意秘行……三四
34. 一贴一膨　卫气护航……三五
35. 一张一缩　内劲活络……三六
36. 一大一小　浑圆气势……三七
37. 一高一低　丹田移位……三八
38. 一轻一重　点到为止……三九
39. 一领一垂　直通天地……四〇
40. 一点一面　神出鬼没……四一
41. 一竖一横　八面玲珑……四二
42. 一空劲端　二空劲源……四三

43. 一惊一颤　触不及防……四四
44. 一心二用　推手驭开合……四五
45. 一空再空　虚无生真气……四六
46. 一气逆运　后天返先天……四七
47. 一神御四梢　鬼出电入……四八
48. 一石落湖心　万念沉海底……四九
49. 一线穿九珠　木偶牵百骸……五〇
50. 一凸一凹上天入地俱轻灵……五一
51. 一乾一坤三连六断劲意无穷……五二
52. 一虚一实五步八法阴阳相随……五三
53. 一气在手可拳可棍可鞭可钩可剑可刀……五四
54. 一意在手可随可断可错可粘可引可空……五五

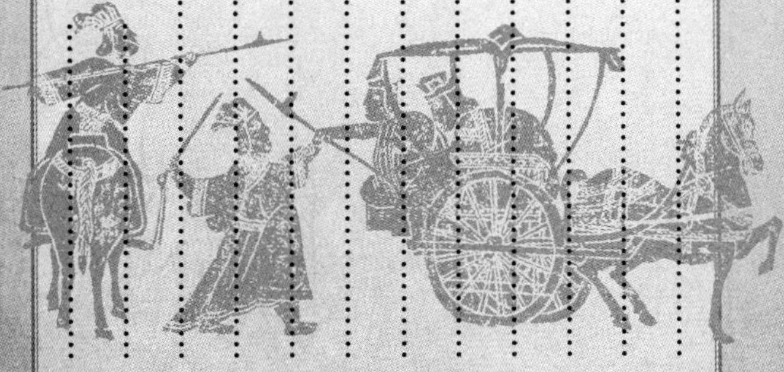

55. 一阴一阳之谓道……五六
56. 一意一气相依存　行功走架任自在……五七
57. 一发即收　兜劲打人　伤人不伤己……五八
58. 一缩其小无内……五九
59. 一舒其大无外……六〇
60. 一吸气吞万里……六一
61. 一粘一走　亦走亦粘……六二
62. 一沉再转关换式……六三
63. 一米阳光……六四
64. 一言以服众　悟进去练出来……六五
65. 一柱擎天神领气提……六六
66. 一心法一太极　阴阳平衡为宗……六七

67. 一意一劲　一意一气　一意一神　三道法门……六八
68. 一风可生百病　拳者当敬畏天地四时……六九
69. 一骨一筋一髓　内家古法三修……七〇
70. 一招一式为内气开道……七一
71. 一羽不加至道境……七二
72. 一脉通则百脉通……七三
73. 一神入骨生内劲……七四
74. 一个拳式可练可打可演……七五
75. 一劲成就　架势无可无不可……七六
76. 一冲通七门　五脏六腑皆禀焉……七七
77. 一旦无障碍　血脉通利五脏丰……七八
78. 一气化万象　可隐可现　能升能降……七九

79. 一斤一两　一尺一寸　妙手称量生死存亡……八〇
80. 一手变五手　五手变百手　犹如江河之长滔滔不绝……八一
81. 一箭在手开弓不射　此谓太极劲在内不在外含而不发……八二
82. 一念冥心　一意掌下……八三
83. 一口分三咽　龙行虎自奔……八四
84. 一沉能着　千招万势凤舞龙翔……八五
85. 一闪念就要变招　天下功夫唯快不破……八六
86. 一莲通中脉　荷风转法轮……八七
87. 一灵独运　心息相依……八八
88. 一静难定　可数息听息随息佐之……八九
89. 一肢动百骸随　一极动百极应……九〇
90. 一脐螺旋带……九一

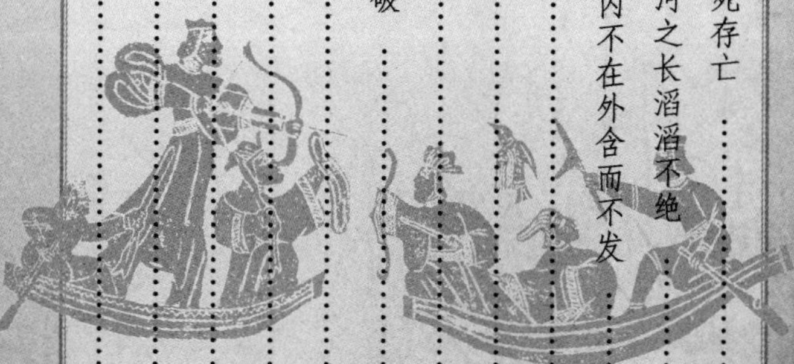

91. 一个能轻能重的东西……九二
92. 一念发动处……九三
93. 一膏一肓　意守两窍　顶视返观　坐脱立亡……九四
94. 一势求精百势精　一法求真百法详……九五
95. 一坐一定　一桩一定……九六
96. 一颔首玉枕接通……九七
97. 一合手背平夹脊开……九八
98. 一敛臀挽胯劲窍开……九九
99. 一裹裆想内八阴窍开……一〇〇
100. 一日习师　一日请索……一〇一

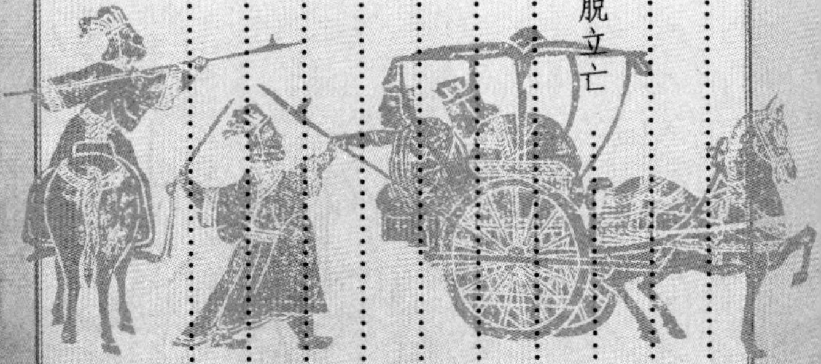

内藏『一』字诀

1. 大道一静求……一〇三
2. 脚踩手臂一气传……一〇四
3. 发动全凭一寸丹……一〇五
4. 心一动内劲出……一〇六
5. 六合一统显功夫……一〇七
6. 每动一沉　肌肉若一……一〇八
7. 虚空粉碎　入化一境……一〇九
8. 周身整合　一透到底……一一〇
9. 盘拳走架　九松一紧……一一一
10. 根中梢　一运一觉……一一二

11. 梢中根 一动一知 …… 一一三
12. 中定推手 一如待兔 …… 一一四
13. 拿人拿中 一拿就放 …… 一一五
14. 神意一交 天罗地网 …… 一一六
15. 劲起踵注于腰 一触脊发 …… 一一七
16. 以手带身一意为领 …… 一一八
17. 以步带身一气作帅 …… 一一九
18. 五行合一显奇能 …… 一二〇
19. 在一根丝上借劲 …… 一二一
20. 肘化一大片 暗渡陈仓 …… 一二二
21. 三虚包一实 身法传要 …… 一二三
22. 五梢任一带 四两拨千斤 …… 一二四

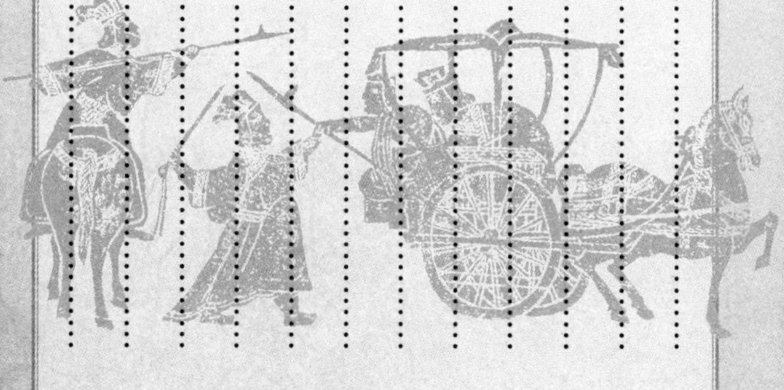

23. 接手四梢空 一先定乾坤……………………一二五
24. 接手点中求 一着知高低……………………一二六
25. 化发合一 用意不用力……………………一二七
26. 进出螺旋力 一劲贯穿……………………一二八
27. 任意开合 更上一乘……………………一二九
28. 大成之道 一桩始求……………………一三〇
29. 分劲腾手 一定一顺……………………一三一
30. 三环套月 一放千里……………………一三二
31. 我顺人背 一走了之……………………一三三
32. 杠杆身形 一撬取巧……………………一三四
33. 行止坐卧 一道随身……………………一三五
34. 真气从之 守一最寿……………………一三六

35. 五运六气　天人一理　太极总转　身心皆安……………………一三七
36. 束身起如风　藏身落如箭　不钻不翻　一寸为先……………………一三八
37. 能在一气先　莫在一气后……………………一三九
38. 力松意紧　空掌涵足　肌肉若一……………………一四〇
39. 不触则柔　一触则刚……………………一四一
40. 万念化一念　一念化无念……………………一四二
41. 抱元守一　得一者得道……………………一四三
42. 手动一意动　一意虚空出……………………一四四
43. 工用一日　技精一日　入化一悟……………………一四五
44. 功到摄己降人则万法归一……………………一四六
45. 意气敛　皮毛攻　一心悬空周身通……………………一四七
46. 神藏气内一丹成　丹静则养　丹动御敌……………………一四八

47. 五行一齐放　气势可冲天 …………………… 一四九
48. 站桩出一根　走架一根练　推手一根藏 …………………… 一五〇
49. 接手来力不上身　有借必还一要记 …………………… 一五一
50. 千招同中异　一诀统武学 …………………… 一五二
51. 上下相随　内外合一　圆活无方 …………………… 一五三
52. 量彼劲权彼势　高手一着就有数 …………………… 一五四
53. 功至一气　伸缩聚散开合起落任流行 …………………… 一五五
54. 撑筋拔骨　劲走螺旋　一横一竖惊弹发放 …………………… 一五六
55. 功夫上身　身挂于手　一手开疆 …………………… 一五七
56. 氤氤氲氲　混混沌沌　一气丹中旋 …………………… 一五八
57. 诚中　虚中　空中　一中揽内家 …………………… 一五九

58. 两胯里抽两肩内裹　敛气入骨虚空之极　四围皆高一穴深藏
注水纳意六合一要 …………………………………… 一六〇
59. 阳健阴顺　先天后天合一物 …………………………… 一六一
60. 太极为体为静　一气为用为动　太极即一气 ………… 一六二
61. 阳火即明劲　阴符为暗劲　一进一运刚柔并济 ……… 一六三
62. 心含千里身包万象　太虚一体天地并立 ……………… 一六四
63. 驯气中和　至善至纯　一元真阳 ……………………… 一六五
64. 不显缩　不显顶　一无联兆　虚活圆觉 ……………… 一六六
65. 向心离心螺旋扭转　一劲伸缩之道 …………………… 一六七
66. 见其外识其内　一眼知己知彼 ………………………… 一六八
67. 明劲走后天顺息　暗劲用先天逆息　化劲以还虚胎息　道本自然
一气游 ………………………………………………………… 一六九

68. 太极无手浑身皆手　乾坤挪移一阳动处处生机……一七〇
69. 不着相入于象　出神入化更上一层……一七一
70. 太极无法　一动一法……一七二
71. 有道有技　缺一勿可……一七三
72. 独立守神　牵一发动全身……一七四
73. 脚下一迈步要有指向……一七五
74. 周身一家脚带手……一七六
75. 三节四梢一齐泰山移……一七七
76. 反听观内　神舒体静　一审太极之合……一七八
77. 皓月当空　一无渣滓　无微不至……一七九
78. 三虚抱一实……一八〇
79. 五弓合一　发劲如放箭　无往不利……一八一

80. 出手如钢锉　回手似钩杆　一物降一物……一八二
81. 有形如流水　无形似大气　一物有无中……一八三
82. 有形则力散　无形则神聚　一切内力可与天地相呼应……一八四
83. 观想全身毛孔无一不有穿堂风怡荡往来……一八五
84. 形曲意直　虚实无定　一物之理多称谨似……一八六
85. 行弧画圆运太极　处处总有一虚实……一八七
86. 开合　松紧　虚实　择一而练……一八八
87. 内气开　一气浑圆　内气合　一气归神……一八九
88. 脚下一鼓就换了身形……一九〇
89. 由中而四梢　由四梢而中　乃一养一击之别……一九一
90. 接手意在先　开合一瞬间……一九二
91. 接手意在何处何处僵　对方一碰便有失……一九三

92. 接手分阴阳　一虚一实破敌平衡……一九四
93. 谷道一撮　月罡一沉　聚精会神之秘钥……一九五
94. 得中者得太极　一中化万相……一九六
95. 揉手拿到中　一手化一手发……一九七
96. 出劲螺旋带中走　一顺一逆任我意……一九八
97. 接点出气球　一半转为化一半留着发……一九九
98. 精气神一凝　发劲可散可聚……二〇〇
99. 接手一散敌失重　向空舒散稳准快……二〇一
100. 招术合一胜人一筹……二〇二
101. 行拳走架一气呵成……二〇三
102. 意到气到　气到力到　一劲贯穿……二〇四
103. 外方内圆神在中　一身好似小寰宇……二〇五

104. 灵境一片运鸿蒙……二〇六
105. 身桩下扎 一心一意……二〇七
106. 练架如绳 一捻千变……二〇八
107. 阴阳转化 一物降一物……二〇九
108. 我意入彼骨 一主一客已暗转……二一〇
109. 节膜拿脉抓筋闭穴 一功一法需点传……二一一
110. 上下一条线 两手带腰转……二一二
111. 丹田量多少 一气哈而远……二一三
112. 文武火候需自觉 一津三咽气顺达……二一四
113. 吹呵呼吸吐故纳新 积用一处哼哈泄 混元一气此为得……二一五
114. 周身一气 无使有缺陷处……二一六
115. 在天为气 在地成形 一意离合转化……二一七

116. 圆转如意　挡其八面　无有一处不能至……………………二一八
117. 打拳练功得兜得住气　否则一泻千里一地鸡毛……………………二一九
118. 呼吸灵通自然身法灵通　一吸提人起　一呼放人远……………………二二〇
119. 眼若吃住敌人　一搭手便能擒敌……………………二二一
120. 由己则滞　从人则活　一从可得落空之妙……………………二二二
121. 练十日拳阅一日书　不读书无以言……………………二二三
122. 遇敌先礼后兵　十三式择一式如虎待鹿……………………二二四
123. 练太极不在外形在于内理　劲与气通利之后能悟神而化之可功成
若逢师传留一手一笑置之……………………二二五
124. 精气神合一　玲珑体成就……………………二二六
125. 八纲五纪一气串成……………………二二七
126. 周身一体松下来……………………二二八

127. 纵力转横力身体挂手上　一拳出去惊起惊落……………………二二九
128. 舌抵上腭随呼吸一顶一放　吸时顶呼时放……………………二三〇
129. 定式进入下一式前　双掌心需有外凸……………………二三一
130. 从心所欲听自由　一劲有一境灵妙……………………二三二
131. 练拳胸有成竹　出手得一惊一乍……………………二三三
132. 白天练眼　晚上养眼　一眼可定乾坤……………………二三四
133. 后足一登体重上拳头……………………二三五
134. 练拳如亲嘴　一灵通神……………………二三六
135. 功夫上身始有拳术　一招走天下……………………二三七
136. 手到劲发　一脊神变……………………二三八
137. 随上内功　一日千里行……………………二三九
138. 息归意统　阴阳交变统一……………………二四〇

139. 入象化脑　见识什么便有什么　一境通万境……………………二四一
140. 宁在一思进　莫在一思停　真身只在刹那……………………二四二
141. 腋窝一张一拧　拳劲活脱……………………………………二四三
142. 练拳要身心分离　用拳应身心合一……………………………二四四
143. 提足心　蹭地行　一路走一身功………………………………二四五
144. 站空自己　站出灵感　一站入妙门……………………………二四六
145. 站桩打一厘米拳……………………………………………二四七
146. 四体百骸终归一气…………………………………………二四八
147. 脚下一弹　撩起伤人………………………………………二四九
148. 脚拇趾一蹬　头就顶上了劲…………………………………二五〇
149. 武学道艺更高一筹…………………………………………二五一
150. 三节成一节　六合定功架……………………………………二五二

151. 坐腰惊尾椎　反应反击合一……………………二五三
152. 不招不架着肉分枪　一出拳致敌倒地…………二五四
153. 三花聚顶　五气朝元　玄关一转天门开…………二五五
154. 先天一炁虚中来　天得太一以清明　人得太一以通神……二五六
155. 七轮取一轮　意到拳到……………………………二五七
156. 撒网收网一个东西…………………………………二五八
157. 手指一弯即是拳……………………………………二五九
158. 息停脉住天人合一…………………………………二六〇
159. 静坐冥思　制心一处………………………………二六一
160. 定为百工共法　一定得丹…………………………二六二
161. 惊功　受风　掐诀一下就灵………………………二六三
162. 脚心似吸盘　微微一张浊气排……………………二六四

163．卷舌塞喉　一口玉液　还精补脑……………………二六五
164．撑开一片天　清阳升　浊阴落　行云流水在其间……二六六
165．身心合一　身正气通　气通意静　意静神活…………二六七
166．空空洞洞一气游　脐下之珠上指尖……………………二六八
167．玄关一窍一造化　天地同根大动能……………………二六九
168．紧箍咒一收紧眉头自然展开……………………………二七〇
169．中脉一通　通天入地……………………………………二七一
170．鼻拉脐肝火降　一气不生是秘诀………………………二七二
171．吸提嘬闭　四字一诀指采药……………………………二七三
172．引气归海温养周身　收功有道一收还原………………二七四
173．调息要设想一个中心　即守窍守中守一………………二七五

174. 呼吸方法千百种　熟练一种即可治病……二七六
175. 心安理得　心神如一……二七七
176. 呼吸一微妙拳架就微妙……二七八
177. 先天八卦　一气循环……二七九
178. 手心一向后自然腋半虚臂半圆呼吸畅……二八〇
179. 内外一气　动静一源　体用一道　殊途同归……二八一
180. 内家拳的基础是内丹　内丹的外用是内家拳　二者之奥妙一脉相承……二八二
181. 心有灵犀一点通……二八三
182. 四禅八定清净守一……二八四
183. 武学难全　一诀擎天……二八五

古传金句

1. 假传万卷书　真传一句诀……二八七
2. 大道不言　开口便错……二八八
3. 人刚我柔谓之走……二八九
4. 真人之息及踵　众人之息及喉……二九〇
5. 胎从伏气中结……二九一
6. 息息归根乃金丹之母……二九二
7. 神去离形谓之死……二九三
8. 神行则气行　神住则气住……二九四
9. 以觉者为师……二九五
10. 一切贤圣皆以无为法而有差别……二九六

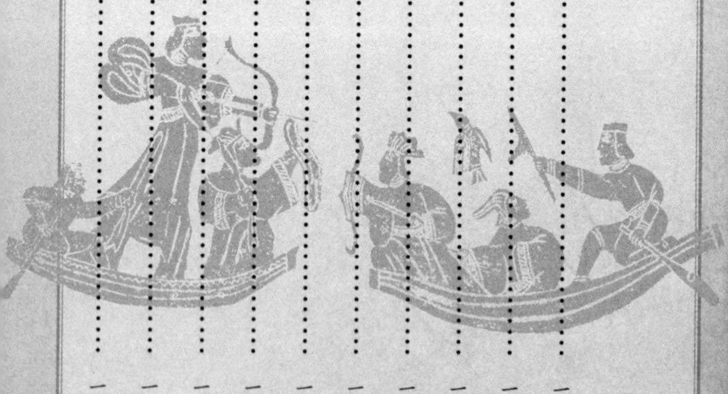

11. 心不死道不生 …… 二九七
12. 心液下降　肾气上腾 …… 二九八
13. 虚其心实其腹 …… 二九九
14. 至虚极守静笃 …… 三〇〇
15. 顺则成人逆成仙 …… 三〇一
16. 识神退位本神出 …… 三〇二
17. 神宜内敛　气宜鼓荡 …… 三〇三
18. 功夫千古事　得失寸心知 …… 三〇四
19. 仰观象于天　俯察法于地　近取诸身　远取诸物 …… 三〇五
20. 气不过头　力不过肩 …… 三〇六
21. 胯开虎张口　脊活如龙摆 …… 三〇七
22. 内动六球指如针　久练此法功自深 …… 三〇八

23. 玄之又玄　众妙之门……三〇九
24. 神意相会冲击泥丸……三一〇
25. 和合凝集　决定成就……三一一
26. 无心为体　忘言为用　柔弱为本　清静为基……三一二
27. 人体内景隧道唯返观者能察照之……三一三
28. 守窍可以想如鸡孵卵如龙养珠……三一四
29. 见者不可用　用者不可见……三一五
30. 我命由我不由天……三一六
31. 先天一气号虚无　运转能使骨不枯……三一七
32. 万物资始乃统天　云行雨施　品物流行……三一八
33. 起如箭　落如风　追风赶月不放松……三一九
34. 五形四梢要合全　气连心意随时用　硬打硬进无遮拦……三二〇

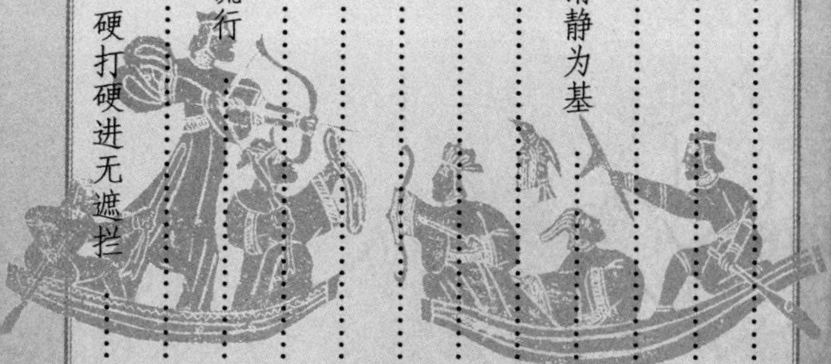

35. 只要神意足　不求形骸似……三二一
36. 提擎天地　把握阴阳……三二二
37. 恬惔虚无　真气从之……三二三
38. 法无定法　因人而异……三二四
39. 给我十两金　不传一口意……三二五
40. 定业不可改　无缘不可度……三二六
41. 为道日损　损之又损　以致无为……三二七
42. 有欲观其窍　无欲观其妙……三二八
43. 八卦有乾坤　太极藏龙虎……三二九
44. 搭手加功夫　出手见高低……三三〇
45. 力达四梢　天地交合……三三一
46. 少要疯狂老要稳……三三二

47. 晃膀撞天倒　跺脚震九州……三三三
48. 手眼身法步　精神气力功……三三四
49. 气随手入　气随手出……三三五
50. 放长击远　九柔一刚……三三六
51. 太极十年不出门　形意一年打死人……三三七
52. 上掌千斤举鼎式　下掌托天把力砸　中掌推倒千年柏
归宗一百六十八……三三八
53. 只因一念妄　现出万般形……三三九
54. 慧光生处觉花开……三四〇
55. 内舍意念　外舍万缘……三四一
56. 呼吸到脐　寿与天齐……三四二
57. 惊起四梢永无惧　灵劲上身天地翻……三四三

58. 拳打鬼不知……三四四
59. 百炼不如一站……三四五
60. 常驮白牛车……三四六
61. 气厚身轻……三四七
62. 同声相应　同气相求……三四八
63. 天地氤氲　万物化醇……三四九
64. 打拳练功度物修仙……三五〇
65. 一根得返还　六根俱解脱……三五一
66. 人之大患在于好为人师……三五二
67. 蓄劲纳百川……三五三
68. 踢翻沧海　喝散白云　大地尘飞　虚空粉碎……三五四
69. 神领无散骨……三五五

70. 守住中定放开打 …… 三五六
71. 身力到手　肩之所为 …… 三五七
72. 手是两扇门　全靠脚打人 …… 三五八
73. 尚气者无力　养气者纯刚 …… 三五九
74. 欲求力之足　先求气之充 …… 三六〇
75. 太极本无极　无极方太极 …… 三六一
76. 根在脚　发于腿　主宰于腰　形于手 …… 三六二
77. 命意源头在腰隙　变换虚实需留意 …… 三六三
78. 刻刻留心在腰间　腹内松静气腾然 …… 三六四
79. 含着劲练拳　兜着劲打人 …… 三六五
80. 手是勾子　眼似电　腰为蛇行　腿是钻 …… 三六六
81. 胳膊如绳　肉为水　手如婴 …… 三六七

82. 上下相随人难进　引进落空合即出　粘黏连随不丢顶……三六八
83. 运劲如抽丝　蓄劲如开弓　发劲如放箭……三六九
84. 无形无相　浑身透空　应物自然　西山悬磬……三七〇
85. 一吸便提　一提便咽　息息归根　水火相见……三七一
86. 练出一粒丹田气　万两黄金不予人……三七二
87. 光而不耀　与光同尘……三七三
88. 心在内而理周乎物　物在外而理具于心……三七四
89. 心为君　神为主　气为用　精从气　意为媒……三七五
90. 堕肢体　黜聪明　离形去知　同于大通　此谓坐忘……三七六
91. 天机动则大道生而神通现　人气动则真阳生而功夫成……三七七
92. 生而不有　为而不恃　长而不宰　是谓玄德……三七八

93. 自古千佛万佛　无不顶天立地　两眼看两眼　鼻拉直　眼拉横……三七九
94. 脚踏中门夺地位……三八〇
95. 按肩练步　起如挑担……三八一
96. 拳从口出……三八二
97. 知所先后则近道……三八三
98. 万拳之法不离中　中门之路妙无穷……三八四
99. 手毒如风扫残叶　眼毒如日照寒霜……三八五
100. 凝神定息是初机　退藏密地为常寂……三八六
101. 一回光天地山河一切皆回矣……三八七
102. 心归到处气归宗……三八八
103. 万事劳其形　百感困其志……三八九

104. 发则金刚怒目　守则菩萨垂眉……三九〇
105. 悲天悯人心常在　方便慈善时时行……三九一
106. 眼前无人似有人　眼前有人似无人……三九二
107. 步落招成　打招如闪电……三九三
108. 步灵无定式　功发有阴阳……三九四
109. 上打眼喉下打阴……三九五
110. 掌心力从足心印……三九六
111. 枪扎一线　棍扫一片……三九七
112. 五阴并五阳谓妙手……三九八
113. 全身是手手非手……三九九
114. 全身稳如山　支点力如簧……四〇〇
115. 降龙伏虎神仙事　学得真形也卫生……四〇一

116. 混沌一体太极象　令敌无处测阴阳 …… 四〇二
117. 沾衣发劲冷急硬 …… 四〇三
118. 机关在眼　变通在心 …… 四〇四
119. 练时有规　用时无定 …… 四〇五
120. 向上一路　千圣不传 …… 四〇六
121. 玩而求之 …… 四〇七

附录

致公武学 …… 四〇九
1. 致公太极说 …… 四〇九
2. 致公推手说 …… 四一二

3. 致公呼吸说……四一六
4. 致公套路说……四一九
5. 致公心法说……四二四
6. 致公筑基说……四二九
7. 致公周天说……四三三
8. 致公丹道说……四三八
9. 致公择师说……四四二
10. 致公授徒说……四四六
感恩：我的武术老师……四五〇
写在后面……四五三

首字『一』字诀

1. 一松到底

一松到底

释义：所有筋骨、关节、脏腑、肌肉乃至每个细胞，全方位松开，全面虚空。松非懈，松中有展，藏着掤劲。

2. 一空即有

一空即有

释义：世间万物皆遵循阴阳之道，空到极处便是有。佛家的空有多个层次，比如楞严经说到观音证法：如是渐增，闻所闻尽，尽闻不住。觉所觉空，空觉极圆，空所空灭，生灭既寂……

3. 一团和气

一團和氣

释义：和气是心肾相交产生的。这里可以参考孙禄堂先生的语录：人自赋性含生以后，本藏有养生之元气，不仰不俯，不偏不倚，和而不流，至善至极，是为真阳，所谓中和之气是也。

4. 一动俱动

一動俱動

释义：这里需要动功原理作为支撑。可以通过正规渠道学习动态气功，所谓『导气令和，引体令柔』，达到养生的目的，比如五禽戏、易筋经等。如果想作用于竞技，应从武术气功方面做些功课，比如铁砂掌、一指禅等硬功。这样无论对习练内家拳还是外家拳都有帮助。

5. 一静俱静

一静俱静

释义：静下来才能合其道！这里需要静功原理作为支撑。修持静功可以贯通经脉，引导真气滋养脏腑，最终达成天人合一的功态。有条件的话，可以研读参考禅宗、密教和道家丹道学说。道理都是相同的，修炼方法也很相似。

6. 一拳百变

一拳百變

释义：练拳到了化境，就可以随心所欲地进行各种变通。

7. 一吸天地开

一吸天地開

释义：通过后天的内功呼吸，打开身体的天地。

8. 一息天地合

一息天地合

释义：回到先天胎息的状态，这是练内功的高级追求。一日不行一日即鬼，一息行此一息真仙。

9. 一道生万物

一道生萬物

释义：炼出『一』来，身心只剩『一』。修道和练功是同样的道理。

10. 一球化千招

一球化千招

释义： 身心练出球状浑元气感之后，就有了千变万化的基础。

11. 一松五行和

一松五行和

释义：养生不离『虚』『静』二诀。松是基础，需要通过调形、调心、调气才能达到。比如，眼皮不放松，全身就不能放松。

12. 一通八卦顺

一通八卦順

释义：通的基础是松，身心通达，前后左右上下内外自然皆能经脉和顺。

13. 一敛太极定

一斂太極定

释义：洗心涤虑，敛气入骨，无论打拳还是静坐，都能找到太极的中定。

14. 一渗透敌身

一滲透敵身

释义：内功修炼到高级阶段，一发劲，内力可以渗透到对手身上。

15. 一力降十会

一力降十會

释义：两人对抗中，本力是一个人不可忽视的优势。本力大的人更容易降服会十种技能的人。

16. 一巧破千斤

一巧破千斤

释义：太极拳讲『四两拨千斤』，就是强调巧妙的作用。

17. 一螺旋由顺逆

一螺旋由顺逆

释义：除了陈式太极拳有顺缠逆缠，还有其他很多拳种也都讲究螺旋劲。平时可以作为单独功法练习。

18. 一息内行为守

一息内行爲守

释义： 息是呼吸之间的临界点，到达胎息的时候就是真意了。在身体内部运行为守为养。

19. 一息外放为攻

一息外放為攻

释义： 同上，真意游走于身体之外可为用，配合劲力可攻防。

20. 一重心　一虚领

一重心　一虚領

释义：内功要练出中心和重心，才能做到真正的虚领。

21. 一念天地宽

一念天地宽

释义：练功要放下执念，不是无念，而是守住正念。一念一生持，此念乃正念即今心。

22. 一气着　一气撤　拳顺可养

一氣着　一氣撤　拳順可養

释义： 推手或揉手时，「着」与「撤」都是内功试劲的东西。两人玩得好，身心都舒畅，内气可以互相滋养。

23. 一有全有　全有方可一有

一有全有　全有方可一有

释义：内功上身后，就是『一有全有』的感觉。后半句说的是用法。

24. 一气伸缩可器可养

一氣伸縮可器可養

释义：太极拳被称为『一气伸缩之道』。灵活掌握『伸缩』可防身、养身。

25. 一出东西便有南北

一出東西便有南北

释义：武术人经常讲『出东西』，其实就是说有内功了。『出东西』之后，悟性高的就能有很多演化。

26. 一层功夫一层理

一層功夫一層理

释义：内功的境界是无止境的。每一个阶段有每一个阶段的说法和练法。

27. 一力龙虎求　张力十足

一力龍虎求　張力十足

释义：龙虎之力的『龙虎』，一般讲的是脊柱和腰胯。腰落在胯上，口诀上有松腰落胯一说。『龙虎』都具有张力和爆发力。

28. 一瞬坚刚　十年揉炼

一瞬堅剛　十年揉鍊

释义：用拳一瞬间的刚猛整力，实则需要多年的悟拳和修炼。

29. 一内一外　筋膜寻劲

一内一外　筋膜寻劲

释义：谈到身体内外相合，筋膜是重要的桥梁，真正松到筋膜，才能谈内劲自如。

30. 一整一散 收放自如

一整一散 收放自如

释义：武术讲整劲，用拳过程中，「整」是一瞬间的「紧」，「散」实质是松开，而非散沙。

31. 一开一合　天地同息

一開一闔　天地同息

释义：用拳架的开合作为呼吸，与天地同频共振。

32. 一起一落 虚灵腾挪

一起一落 虛靈騰挪

释义：内功修炼到一定阶段，行拳走架可以做到闪展腾挪，轻灵自如。

33. 一出一入　真意秘行

一出一入　真意秘行

释义：真息出现后才有真意，在身体内外自由出入。

34. 一贴一膨　卫气护航

一貼一膨　衛氣護航

释义： 通常情况下，练功用卫气。卫气周行于人体外围。

35. 一张一缩　内劲活络

一張一縮　內勁活絡

释义：在松沉的体势下，练习整体或局部的收缩与开张，保持内劲的弹性。

36. 一大一小　浑圆气势

一大一小　渾圓氣勢

释义： 练出浑圆气势的时候，身体会有或大或小的变化感觉。

37. 一高一低 丹田移位

一高一低 丹田移位

释义：上、中、下丹田有固定的位置，通过意念力来转移，实际上就是「丹」与「田」的分离。

38. 一轻一重　点到为止

一輕一重　點到為止

释义：练『点』是太极拳的一个轻易不外传的秘密。点，可轻可重，可存在于任何位置。

39. 一领一垂　直通天地

一領一垂　直通天地

释义：百会穴与会阴穴之间有一条虚线，可以上下穿透人体，与天地链接。领，有很多修法，比如喉头虚领，大致是舌抵上腭之后，下颌骨有个气囊提气到双颊从两耳上去，喉头从玉枕到百会领起。这需要口传心授。

40. 一点一面　神出鬼没

一點一面　神出鬼没

释义：当内功练出『点』的感觉，就可以进行组合，如两点成一线，三点成一面。你就是点，点就是你。

41. 一竖一横 八面玲珑

一竪一横 八面玲瓏

释义：说的是十字劲的施展，通过体势，将垂直沉坠的劲道转化为水平方向的劲道。就是向上下左右四方发如同十字形撑展的劲。

42. 一空劲端　二空劲源

一空劲端　二空劲源

释义：推手或揉手时，通过知觉运动，找到劲源或劲端，利用意念力来控制，使对手发出的劲力落空。

43. 一惊一颤　触不及防

一驚一顫　觸不及防

释义：这是应敌的心法，主要作用于人的神经系统。

44. 一心二用　推手驭开合

一心二用　推手馭開合

释义：这是推手或揉手时的心理状态。一心分成阴阳二用。达成这样的效果，必须掌握中定。

45. 一空再空　虚无生真气

一空再空　虛無生真氣

释义：『空』没有办法用具体数量来衡量，完全是身心的感知。而认知又是决定感知的条件因素。

46. 一气逆运　后天返先天

一氣逆運　後天返先天

释义：道家讲，顺成人，逆成仙。这里的「气」并非普通的呼吸之气，是真气。

47. 一神御四梢 鬼出电入

一神御四梢 鬼出雷入

释义：阳动阴静为神，神藏于心，而发于两眼。四梢，分别是骨梢（牙齿）、肉梢（舌头）、筋梢（指甲）、血梢（头发）。

48. 一石落湖心　万念沉海底

一石落湖心　万念沉海底

释义：这是气沉丹田的另一种说法，更形象一些。武术练功需要激发想象力，这对开发青少年的创造力有帮助。

49. 一线穿九珠　木偶牵百骸

一線穿九珠　木偶牵百骸

释义：身体上有九个重要的关节，想象它们中间分别置放一粒宝珠并用线串起来。整体感觉像个提线木偶。

50. 一凸一凹上天入地俱轻灵

一凸一凹上天入地俱輕靈

释义：这里说的是，涌泉穴与百会穴通过特殊的呼吸方法进行连接。这需要将内功修炼到一定阶段才能灵活运用。

51. 一乾一坤三连六断劲意无穷

一乾壹坤三連六斷勁意無窮

释义：易经的乾三连与坤六断结合到生理构成并运用到拳术中，有说法是，两眼、两鼻孔、两耳架为坤与断，一张嘴及二阴为乾三连。

52. 一虚一实五步八法阴阳相随

一虛一實五步八法陰陽相隨

释义：太极拳的八法五步以阴阳虚实为原则，合称十三式，即掤、捋、挤、按、採、挒、肘、靠，前进、后退、左顾、右盼、中定。也包含相生相克之理。

53. 一气在手可拳可棍可鞭可钩可剑可刀

一氣在手可拳可棍可鞭可鉤可劒可刀

释义：武林前辈有言，练拳术不可固执不通。若专以求力，即被力所拘；专以求气，即被气所拘。练之形式顺者自有力，内里中和者自生气。

54. 一意在手可随可断可错可粘可引可空

一意在手可随可斷可錯可粘可引可空

释义：当你的身体有了『六合』，即肩与胯合、肘与膝合、手与足合，心与意合、意与气合、气与力合之后，就能得意，全身重量可以上拳头，功架自然会变通。这时用的『意』才是真意，而非一个想法。

55. 一阴一阳之谓道

一陰一陽之謂道

释义：亘古及今，万物不能外此而别有造化。阴阳交而万物生，阴阳隔而天地否。

56. 一意一气相依存　行功走架任自在

一意一氣相依存　行功走架任自在

释义：初学者的『意』基本上只是大脑的一个『思想』，所以需要修炼，仅仅懂套路是远远不够的。

57. 一发即收　兜劲打人　伤人不伤己

一發即收　兜勁打人　傷人不傷己

释义：在散手对峙当中，讲究兜着劲打人，这样有利于控制局势。

58. 一缩其小无内

一缩其小無内

释义：一缩全身缩，有很多种缩法，如缩到丹田到背。

59. 一舒其大无外

一舒其大無外

释义： 一舒全身舒，舒展到天地间。这种心法适合在广袤的室外练习。

60. 一吸气吞万里

一吸氣吞萬里

释义：这是练气势的，呼吸加意念。可用于单操，也可以是套路。适宜在空气流通的自然环境里练拳。

61. 一粘一走　亦走亦粘

一粘一走　亦走亦粘

释义：在推手或揉手时，粘黏连随可验证太极感知力，也是内功的体现。阴阳相济方为懂劲。

62. 一沉再转关换式

一沉再轉關換式

释义：套路习练当中，总会有转关换式，『沉』的气感要自己体会出来，这样拳架不会飘忽，比较稳健。

63. 一米阳光

一米陽光

释义：我曾问螳螂拳的朋友怎么发力？他说在胸腹位置画『米』字。后来我把这个『米』字诀用在其他功法当中。

64. 一言以服众　悟进去练出来

一言以服衆　悟進去練出來

释义：任何功法心法，心领神会了并不代表身体能做到，所以得练，功夫就是时间。

65. 一柱擎天神领气提

一柱擎天神領氣提

释义：说的是脊柱，只有找到顶天立地的感觉，神气才能真正领提。

66. 一心法一太极　阴阳平衡为宗

一心法一太極　陰陽平衡爲宗

释义：不同的心法练出来的太极拳是不一样的，包括体感与外形，但总归不离阴阳的原则。

67. 一意一劲　一意一气　一意一神　三道法门

一意一劲　一意一氣　一意一神　三道法門

释义： 佛家有八万四千法门，道家也有三千六百门、七十二旁门，不可能都练个遍。这里的三道法门对于初学者就够了，其实就是一心一意。

68. 一风可生百病　拳者当敬畏天地四时

一風可生百病　拳者當敬畏天地四時

释义：避风如避箭，内功越高的人，练功时越要避讳不利的天气与外围环境。

69. 一骨一筋一髓 内家古法三修

一骨一筋一髓 内家古法三脩

释义：比如近年民间比较流行的易筋经、易骨经、洗髓经、八段锦等，呼吸是其根本。

70. 一招一式为内气开道

一招一式爲内氣開道

释义：正确的打拳有助于引动内在真气，滋养五脏六腑，比如杨式太极拳的开合打法。

71. 一羽不加至道境

一羽不加至道境

释义：内功会让身体更加敏感，哪怕一根羽毛都无以附加。这时候再推手可以所向披靡，当然也有助于实战。

72. 一脉通则百脉通

一脉通则百脉通

释义： 这是从经脉角度来修炼，比如打通任督二脉，功力必然大增。每一条经脉在身体中都有着独一无二的地位。笔者个人比较重视中脉。

73. 一神入骨生内劲

一神入骨生内劲

释义：这是从练神的角度入手，可以说条条大路通罗马。因而说内功成就的方法没有定论。

74. 一个拳式可练可打可演

一個拳式可練可打可演

释义： 同样一个套路因为心法不同，产生的作用与效果也不一样。所以心法非常重要。

75. 一劲成就 架势无可无不可

一勁成就 架勢無可無不可

释义：当你懂得内劲的运用，打不打套路已不是最重要的，拳架是为了出功夫，单操精进也能在江湖上称雄一方。

76. 一冲通七门　五脏六腑皆禀焉

一冲通七門　五臟六腑皆禀焉

释义：冲脉即是中脉，打通这条脉，全身都舒畅。所以很多人也说得中者得天下。

77. 一旦无障碍　血脉通利五脏丰

一旦無障礙　血脉通利五臟豐

释义： 这里的『障碍』，不仅是生理上的淤堵，还包括佛家讲的业障等。

78. 一气化万象　可隐可现　能升能降

一氣化萬象　可隱可現　能升能降

释义： 当一个人悟到并感觉到真气，这个过程中会有各种幻象，亦真亦假。笔者的师父师夫常告诫『不追』。

79. 一斤一两　一尺一寸　妙手称量生死存亡

一斤一两　一尺一寸　妙手稱量生死存之

释义：当功境达到高级层次，功夫上手，可以精准地拿捏事物，并做出准确的判断和预测。

80. 一手变五手　五手变百手　犹如江河之长滔滔不绝

一手變五手　五手變百手

猶如江河之長滔滔不絕

释义：这就是『一生二，二生三，三生万物』在拳法上的另一种演绎。

81. 一箭在手开弓不射　此谓太极劲在内不在外含而不发

一箭在手開弓不射
此謂太極勁在内不在外含而不發

释义： 这也是太极拳的哲学思想，不主动攻击对手。打拳的状态就是这样，若有若无，有意无意之中有真意。

82. 一念冥心　一意掌下

一念冥心　一意掌下

释义：此念为正念，此意为真意。说的是可守可用的自在功力，也就是人们说的『拿得起放得下』。

83. 一口分三咽　龙行虎自奔

一口分三咽　龍行虎自奔

释义：龙即津，虎即气，津下去，气自随之。正确的练功方法，口中会出现金津玉液，这时候分三次咽下为宜。

84. 一沉能着　千招万势凤舞龙翔

一沉能着　千招萬勢鳳舞龍翔

释义：在太极推手尤其是揉手运动中，『沉』劲的运用很巧妙，可以用于身体任何部位。『着』是粘黏的感觉。通过沉劲粘黏对方。能做到的话，对一般人都可以招架得了。

85. 一闪念就要变招　天下功夫唯快不破

一閃念就要變招　天下功夫唯快不破

释义：在散手对练的时候，只有身心轻灵，招式才能得心应手。比武发力时，只有在碰到对手身上的瞬间，手才握紧。大部分时间存而不用，神经上有储备就行。

86. 一莲通中脉 荷风转法轮

一蓮通中脉 荷風轉法輪

释义：中脉打通之后，很多人会有莲花的景象出现。笔者曾有过从身体内长出一束莲花的体感。

87. 一灵独运 心息相依

一靈獨運 心息相依

释义：『灵』指灵气，也可以说是元神或识神，看是在什么情况下，比如打拳的话，就是精气神的『神』。

88. 一静难定　可数息听息随息佐之

一靜難定　可數息聽息隨息佐之

释义：站桩或静坐时，如果无法平静思绪，方法很多。从呼吸入手是常用的解决办法。

89．一肢动百骸随　一极动百极应

一肢動百骸隨　一極動百極應

释义：人的身体内外乃完整结构，内动必形于外，外动必发于内。武术的基本规律适用于不同拳种，所谓『天下拳理是一家』。

90. 一脐螺旋带

一臍螺旋帶

释义： 一般都说「下丹田在脐下三寸」，实际上准确地说是脐「内」下三寸。这是千古不轻易外传的秘密。在这里练螺旋劲，虚中有实。

91. 一个能轻能重的东西

一个能輕能重的東西

释义：练拳既要练重也要练轻，才能得到能轻能重的东西，那就是内功。

92. 一念发动处

释义：源自王阳明「一念发动处即是行」，借用来形容「动」的学问。王芗斋说：「大动不如小动，小动不如不动，是体内生生不已之动。」体内之动在似念非念之间。

93. 一膏一肓 意守两窍 顶视返观 坐脱立亡

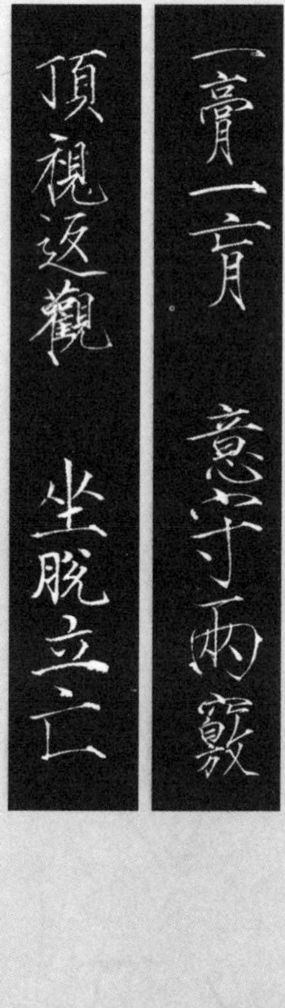

释义：传说修道练功的高人，可以算出自己的命数，到一定时候通过这些功法让自己坐化，驾鹤西去。没有疼痛，生死自由，想走就走。

94. 一势求精百势精　一法求真百法详

释义：在一个套路中，可以选择最喜欢的某一式深入研究其势、其理，一旦精通，其他的也就容易迎刃而解了。包括笔者的心诀，也可以取用其中最感兴趣、最有感觉的一两条去钻研。

95. 一坐一定 一桩一定

一坐一定 一桩一定

释义：静下来，停止一切身体和心灵的功能，把自己交给虚空。入定以后的呼吸从肺部移到腹部。

96. 一颔首玉枕接通

一颔首玉枕接通

释义：脖子不能紧，下颌好像夹着个乒乓球，似尿非尿的感觉。收颌藏额是打通任脉的秘诀，玉枕接通是打通督脉的要塞，这地方出神。

97. 一合手背平夹脊开

一合手背平、夹脊開。

释义：也可以是双手抱球，撑肩包背可以打开督脉的其中要塞。

98. 一敛臀挽胯劲窍开

一斂臀挽胯勁竅開

释义：这里的『劲窍』说的是尾间窍。通过敛臀挽胯来开窍。还有的往往是开胯、开裆，『心意一开裆即开』，『裆开一线为开』，实则都是屈膝落胯沉丹田。

99. 一裹裆想内八阴窍开

一裹襠想内八陰竅開

释义：真正练内家功都不能离开开窍，窍与穴不同，一个在内一个在外，一个摄动全身一个牵动局部。内八也可做丁步，阴窍指海底。

100. 一日习师 一日请索

一日習師 一日請索

释义：学拳不仅要领会师傅所授，还要学会提高自己独立思考探索的能力。功有渐次，法有内外。饮食起居，证验始终。坚精进心，进退不懈，无不立跻圣境。

内藏『一』字诀

1. 大道一静求

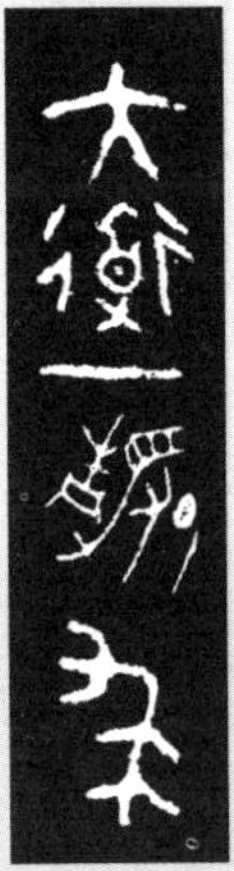

释义：无念则静。诸葛亮曾有淡泊以明志，宁静以致远的名。真正懂内功的都知道意不静神不活。静下来的方法很多，身正才能气通，气通才能意静。

2. 脚踩手臂一气传

释义：这是功夫上手的一种具象诠释。肢体之间通过意念力自由组合，但一定不是纯粹的思想。

3. 发动全凭一寸丹

释义：动，分成有为动与无为动。前者走表，后者走内里。下丹田对力的传导起着非同寻常的作用。

4. 心一动内劲出

释义：这里的心不是说心脏，而是指用脑。练功到高级阶段，内三合与外三合已经浑然天成。

5. 六合一统显功夫

释义：要求『六合』的不独太极拳，一切内家拳都是如此，都有内外，上下相合。道理简单，能练到身上的不多。

6. 每动一沉　肌肉若一

释义：在套路演练过程中，每一式完成的同时，身体一沉，然后开始下一式，周而复始，直到收势。当然也有人将每一式分成若干小动，每一小动一沉，这样可以减缓练拳速度，尤其适合初学者。

7. 虚空粉碎　入化一境

释义： 这是内功到达高阶段的一种心灵感受。

8. 周身整合 一透到底

周身整合一透到底

释义：无论单练还是对练，身心松透如水一样清澈，用时才能使出透劲，这也是实战的必备条件。

9. 盘拳走架　九松一紧

释义：松，不是一盘散沙，似是而非当中有一个相对的紧来约束松。内功上身之后可松可紧，纯任自然。

10. 根中梢　一运一觉

根中梢　一运一觉

释义：打拳的时候，要有根、中、梢的节奏感，使得劲力的传导有迹可寻，有法可依。

11. 梢中根 一动一知

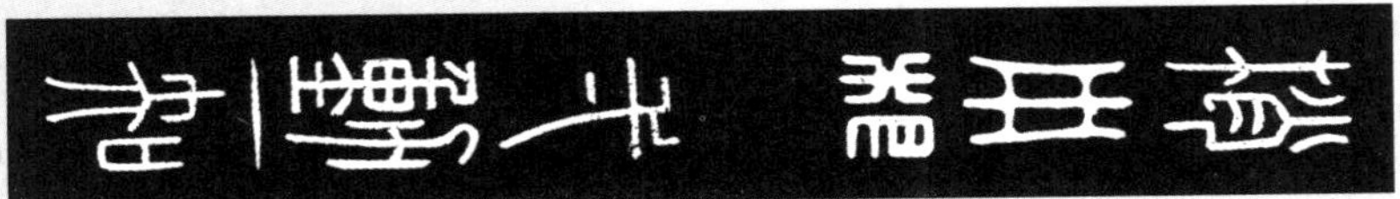

释义：打拳的时候，可以反过来练，即梢、中、根。顺序不一样，效果也不同。

12. 中定推手　一如待兔

中定推手　一如待兔

释义：在推手或揉手时，不主动去打探对方的劲力，而是守株待兔的状态。

13. 拿人拿中　一拿就放

拿人拿中　一拿就放

释义：在推手或揉手时，直接向对方的『中』进攻，快拿快放，不等对方做出反应。

14. 神意一交 天罗地网

释义：高手必然要做到神意相交。高低区别在于认知，也就是说高手具有高维度的觉知，至少是内三合做到一定程度。

15. 劲起踵注于腰 一触脊发

释义：这是劲力从脚跟经过腰到手的流变过程。看起来容易，实则练到家需要漫长的时间付出。

16. 以手带身一意为领

以手带身一意为领

释义： 这与前面的『梢中根』相类似，强调『意』。

17. 以步带身一气作帅

释义： 这与前面的『根中梢』相类似，强调『气』。

18. 五行合一显奇能

释义：从五行角度练整劲，比如形意拳中的一支。

19. 在一根丝上借劲

释义：这是一种更精细的练法，没有很强的内力做不到。

20. 肘化一大片 暗渡陈仓

肘化一大片 暗渡陈仓

释义：在传统武术中，肘的能量很强大，有『磨肘』的练法。

21. 三虚包一实 身法传要

释义：这是与前面的「九松一紧」相类似的不同练法。

22. 五梢任一带　四两拨千斤

释义：通常的五梢指头、两手、两脚。五个手指的梢节可以齐用、可以单操。用得好就能四两拨千斤。

23. 接手四梢空 一先定乾坤

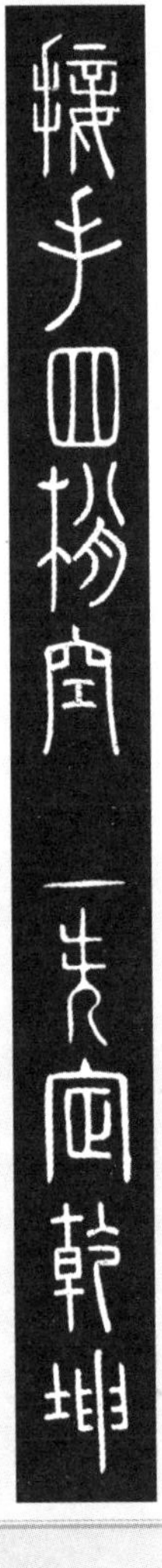

释义：在推手或揉手时，接手是大学问，谁的知觉更敏锐，谁就更有胜算。这里的『四梢』为筋、骨、血、肉。

24. 接手点中求　一着知高低

接手點中求　一着知高低

释义：这一句讲究『点中求』，能用到『点』，说明功夫不一般。『着』前面说过了。

25. 化发合一 用意不用力

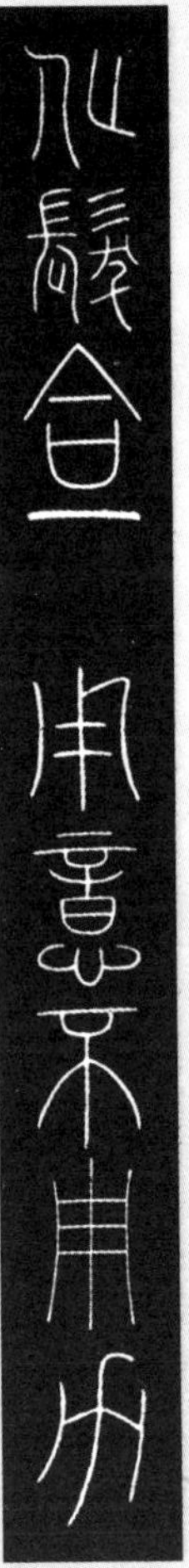

释义：「化」和「发」需要分别单练，用的时候则是合为一体。

26. 进出螺旋力 一劲贯穿

释义：出手与撤手都是用螺旋力，就像发动机的螺母。

27. 任意开合　更上一乘

任意開合　更上一乘

释义：在拳术上能够做到自由开合是每个习练者的愿望。

28. 大成之道　一桩始求

释义：这里强调站桩的重要性。修习内功从桩功开始是不二法门。

29. 分劲膝手 一定一顺

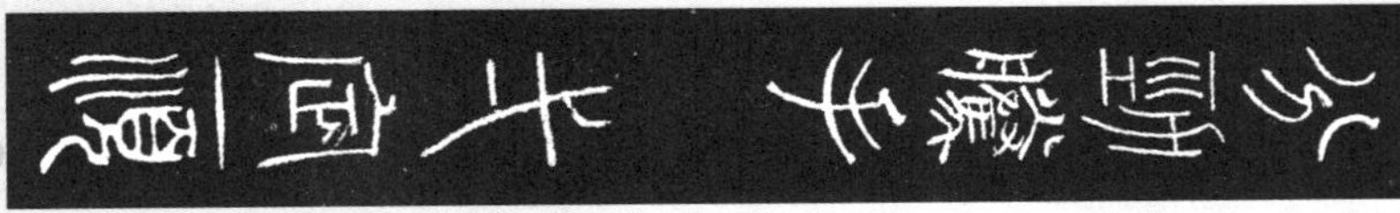

释义：这是拳法也是一种练法，需要口传面授。

30. 三环套月　一放千里

释义：这是一种练法，也有相应的桩功，需要口传面授。

31. 我顺人背 一走了之

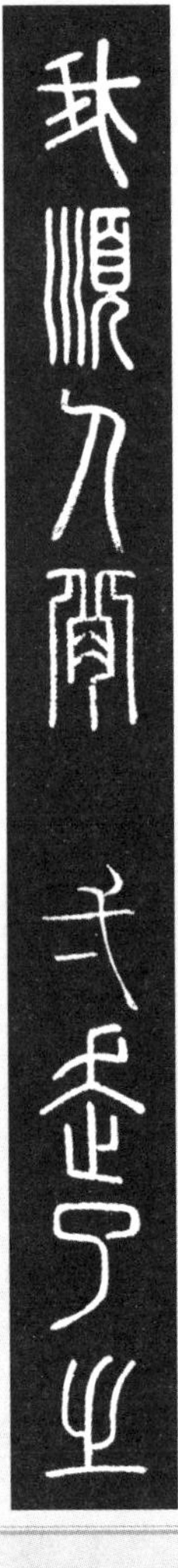

释义：假设遇上对手，先做出顺与背的判断，尽量不与人争执。

32. 杠杆身形　一撬取巧

杠杆身形一撬取巧

释义：在两人对练中，熟练掌握杠杆力的应用。

33. 行止坐卧 一道随身

释义：练功不局限于行止坐卧哪一种，某一种心法随身携带。

34. 真气从之　守一最寿

释义：当你有了得道的感觉，守住这个『道』即可养生护体。

35. 五运六气 天人一理 太极捻转 身心皆安

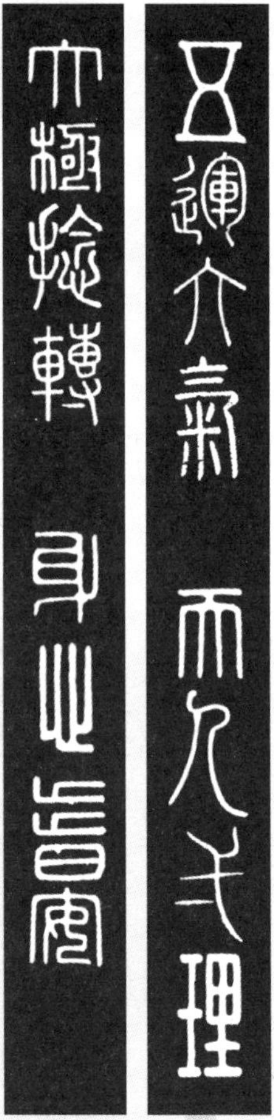

释义： 五行百体总为一元，四体三心合为一气。元气是太极的核心能量，可以凝聚成一个球，也被喻为金丹，是生命的源泉。至于怎么养怎么用，需要正确的修行修炼。世间万物皆一理，掌握太极就能走天下。

36. 束身起如风　藏身落如箭　不钻不翻　一寸为先

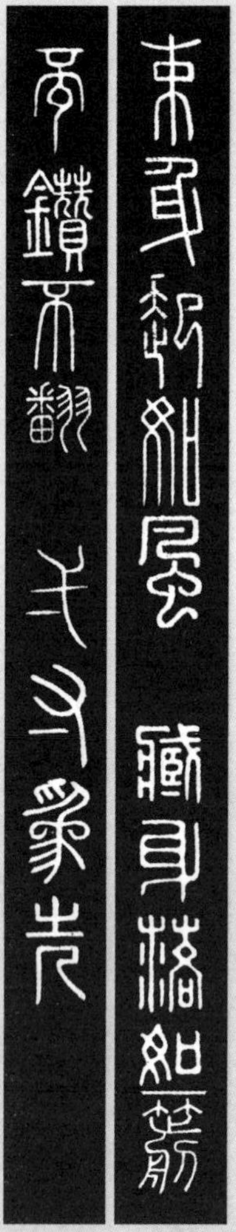
束身起如风　藏身落如箭
不钻不翻　一寸为先

释义：很多拳种的拳谱都有类似的说法。这是身法也是心法，更是一种上乘的拳境。

37. 能在一气先　莫在一气后

释义：道理很简单，练起来很难。一般人做不到，功夫高低就比出来了。

38. 力松意紧　空掌涵足　肌肉若一

力松意紧　空掌涵足　肌肉若一

释义：这是对身法的要求，也是心法，这是向高层功夫迈进的基础。

39. 不触则柔　一触则刚

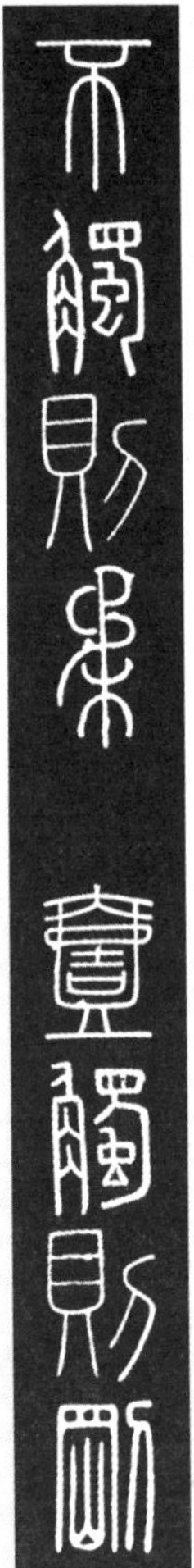

释义：实战中，遇刚则柔，遇柔则刚。出手如风驰电掣，瞬息万变，无迹可寻。

40. 万念化一念　一念化无念

释义：念起难灭，何况万念呢？只能一步步去修行。

41. 抱元守一 得一者得道

释义：「元」，是「我」的本来；「一」，就是道。比如，观世音是修耳根入声音闻定；释迦摩尼是以观星悟道，达摩是以修意根而入明心定。我们练武也可以从某一个心法入手。

42. 手动一意动　一意虚空出

手動意動　意虛空出

释义：内功的东西平时工作或日常生活中都可以自己练，比如把意念放在一个手指上，你可以想象它是个小珠子，360°地旋转，也可让它脱离肢体。久之得知觉敏感。

43. 工用一日 技精一日 入化一悟

释义：想要练出内功就是要精进，一日复一日练功不停息，到悟了化了就成了。

44. 功到摄己降人则万法归一

释义：『摄己降人』意味着入道了。内功练的就是一种控制力。

45. 意气敛　皮毛攻　一心悬空周身通

意气敛　皮毛攻　一心悬空周身通

释义： 这是意气与皮毛的阴阳关系。而『一心悬空』需要一种为人处世的修为。

46. 神藏气内一丹成　丹静则养　丹动御敌

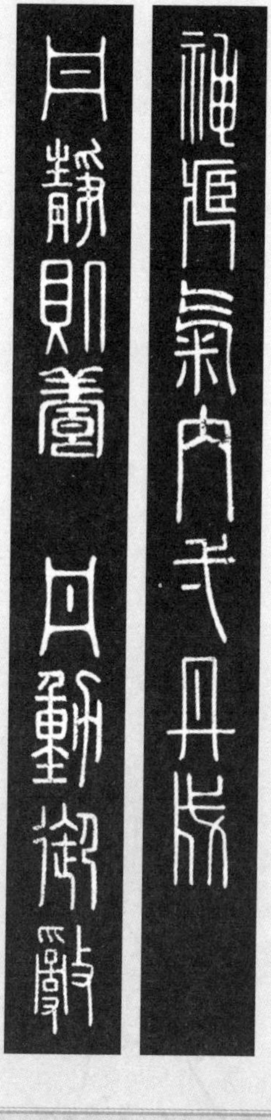

释义：内家拳与道家丹法有着千丝万缕的联系。

47. 五行一齐放　气势可冲天

释义：说的是心、肝、脾、肺、肾的五行能量不可小觑。这是五行观念在拳法上的运用。

48. 站桩出一根 走架一根练 推手一根藏

站桩出一根 走架一根练 推手一根藏

释义：前面有提到练点和球的，这是另外一种练法。其实逻辑道理差不多。

49. 接手来力不上身　有借必还一要记

接手来力不上身　有借必还一要记

释义： 这是推手或揉手时的一个要领。一般人做不到。需要功夫上身，身心内外对来力或来意有了敏感觉知，以及对自身中定有了把握之后才有可能做到。这种体感最好通过与高人搭手去领悟。

50. 千招同中异 一诀统武学

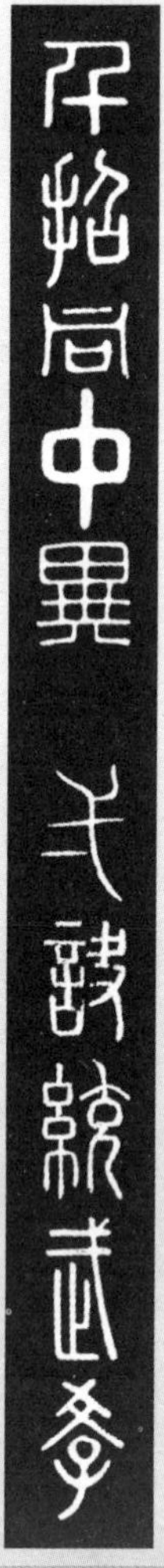

释义：无非神意气，道至泰山移。一招打遍天下。

51. 上下相随　内外合一　圆活无方

释义：耳熟能详的口诀，身法的准则，关键还是「一」字。

52. 量彼劲权彼势　高手一着就有数

释义：审时度势尽在掌握，『着』前面已经说过。这里补充一下，还有一种高手不用『着』也能做到。

53. 功至一气 伸缩聚散开合起落任流行

释义：内功离不开气的作用，也可以说内功就是一种『气』功，离不开阴阳的本质。

54. 撑筋拔骨　劲走螺旋　一横一竖惊弹发放

释义：撑筋拔骨是身法基础，满足了这个条件才有后面的可能性。

55. 功夫上身　身挂于手　一手开疆

功夫·身挂于手　一手開疆

释义： 这是功夫上手的另一种更具体的说法。

56. 氤氤氲氲　混混沌沌　一气丹中旋

释义：说的是炼丹的体感。应用到拳术中，比如醉拳，比如酒后打太极拳。

57. 诚中 虚中 空中 一中揽内家

诚中 虚中 空中 一中揽内家

释义：前面讲过「中定」，「定」是根本，「中」是核心。「诚」「虚」「空」是练法，也是心法。

58. 两胯里抽两肩内裹　敛气入骨虚空之极　四围皆高一穴深藏　注水纳意六合一要

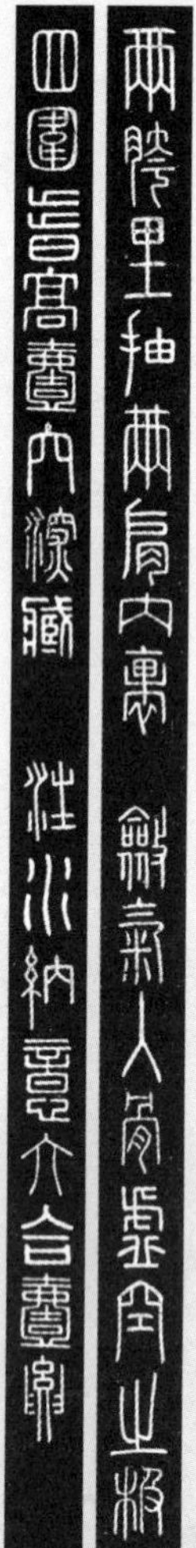
两胯里抽两肩内裹　敛气入骨虚空之极
四围皆高一穴深藏　注水纳意六合一要

释义：这是身法与心法结合的诀，需要细细琢磨以及明师指点。

59. 阳健阴顺　先天后天合一物

陽健陰順　先天後天合壹物

释义： 这是丹道的说法，就是能量聚集在一个地方。

60. 太极为体为静 一气为用为动 太极即一气

释义：这是对太极的诠释，初学太极拳者应有个概念。

61. 阳火即明劲 阴符为暗劲 一进一运刚柔并济

陽火即明勁 陰符為闇勁 一進一運剛柔并濟

释义：督脉为阳，任脉为阴。打通二脉可刚可柔。

62. 心含千里身包万象 太虚一体天地并立

心含千里身包萬象 太虛一體天地并立

释义：这是天人合一的具象描述，内家拳的高阶都是这种追求。

63. 驯气中和　至善至纯　一元真阳

馴氣中和　至善至純　一元真陽

释义：这是修道的志向、养生的根本。如果能用这样的修为打拳，是人养拳。

64. 不显缩 不显顶 一无联兆 虚活圆觉

不顯縮 不顯顶 一無聯兆 虛活圓觉。

释义：这是『不显山不露水』的另一种诠释，高手可以做到。

65. 向心离心螺旋扭转　一劲伸缩之道

向心離心螺旋扭轉　一勁伸縮之道

释义：螺旋劲有向心与离心之别，可局部可全身。

66. 见其外识其内　一眼知己知彼

見其外識其内　一眼知己知彼

释义：武林高手的眼光很独到，也可以说是『毒』。

67．明劲走后天顺息　暗劲用先天逆息　化劲以还虚胎息　道本自然一气游

明勁走後天順息　闇勁用先天逆息

化勁以還虛胎息　道本自然一氣游

释义：当你真正懂了阴阳之后，明劲暗劲自由切换。

68. 太极无手浑身皆手　乾坤挪移一阳动处处生机

太極無手渾身皆手　乾坤挪移一陽動處處生機

释义：这也是功夫上手的一种说法，此诀还多了随机应变的精妙。

69. 不着相入于象　出神入化更上一层

不着相入於象　出神入化更上一層

释义：这是内功修炼到高级阶段的体感，也是一种高维视角。

70. 太极无法　一动一法

太極無法　一動一法

释义：太极是道的别名，本身就是无形无相，千变万化，自然一动一法。

71. 有道有技　缺一务可

释义：修行人得道即可，武术人还得有道支撑的技。

72. 独立守神 牵一发动全身

獨立守神 牽一髮動全身

释义：黄帝内经就讲到『独立守神』。做到需要以静为根基。

73. 脚下一迈步要有指向

脚下一迈步要有指向

诠释：练武不止是练出精气神，还要练出方向感，脚下好像长出眼睛和长长的触角，无比敏锐。这是实战的基础。

74. 周身一家脚带手

周身一家脚带手

释义：这是手脚相合的用法，二者相得益彰。这都是身体练出东西之后的一种能力。

75. 三节四梢一齐泰山移

三節四梢一齊泰山移

释义：还是说的整劲，这种整劲通过肢体的整合达成。

76. 反听观内　神舒体静　一审太极之合

反聽觀内　神舒體静　一審太極之合

释义：关键是『反听』与『观内』，这是逆修的基础。

77. 皓月当空　一无渣滓　无微不至

皓月當空　一無渣滓　無微不至

释义： 表现的是练功入境的一种内心清明的状态。

78. 三虚抱一实

释义：一实宜七分抱三分撑，六面争力，虚化外三合，实化内三合。

79. 五弓合一　发劲如放箭　无往不利

五弓合一　发劲如放箭　无往不利

释义：一身备五弓，『五弓』即两手、两足及身子。也是一种练整劲的法门。

80. 出手如钢锉 回手似钩杆 一物降一物

出手如钢锉 回手似钩杆 一物降一物

释义：这是形意拳的练法，对于劲力的比喻很形象。

81. 有形如流水　无形似大气　一物有无中

有形如流水　無形侣大氣　一物有無中

释义：通过各种修炼，身体出现的感知反应，似有似无。

82. 有形则力散　无形则神聚　一切内力可与天地相呼应

有形則力散　無形則神聚　一切內力可與天地相嘑應

释义：这是阴阳辩证关系，只有内功练到的人才能体会。

83. 观想全身毛孔无一不有穿堂风恰荡往来

觀想金身毛孔无一不有穿堂風恰蕩往來

释义：一起一伏内息绵绵，反观内视，全身毛孔都在呼吸，犹如穿堂风。

84. 形曲意直　虚实无定　一物之理多称谨似

形曲意直　虚實無定　一物之理多稱謹似

释义： 形曲与意直，这在平时打拳时可以关照一下。

85. 行弧画圆运太极　处处总有一虚实

行弧畫圜運太極　處處總有一虛實

释义：习练太极拳不能有死角，应该是浑圆饱满气象。

86. 开合　松紧　虚实　择一而练

開闔。松緊虛實擇一而練。

释义：初学者在习练太极拳时，可以用不同的阴阳关系来感受拳架。

87. 内气开　一气浑圆　内气合　一气归神

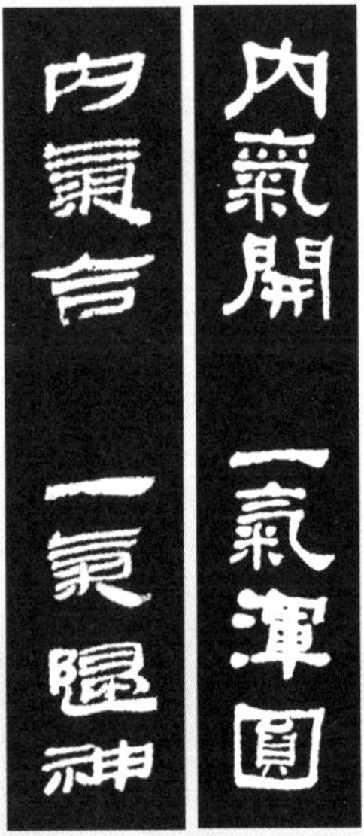
内氣開　一氣渾圓
内氣合　一氣隱神

释义：这是身体内部开合的状态。开合就是一种呼吸。

88. 脚下一鼓就换了身形

脚下一鼓就换了身形

释义：来自蛇类蠕动形态，形意拳有这种说法，笔者时而用于太极拳套路来习练。

89. 由中而四梢　由四梢而中　乃一発一击之别

由中而四梢　由四梢而中　乃一發一擊之別

释义：「四梢齐，泰山移」这一谚语说明了梢节的作用力。而「中」与「梢」可以进行互动。

90. 接手意在先　开合一瞬间

释义：接手与打拳一样，都是意在先，身势上的开合是适机而动。

91. 接手意在何处何处僵　对方一碰便有失

接手意在何处何处僵　對方畫碰便有失

释义： 揉手对练中，意的作用非常大。此「意」超越思想范畴，有意念力的内涵。

92. 接手分阴阳 一虚一实破敌平衡

接手分陰陽 一虛一實破敵平衡

释义：这就是『双重则滞』的实战应用准则，处处是阴阳辩证思维。

93. 谷道一撮 月罡一沉 聚精会神之秘钥

谷衜一撮 月罡一沉 聚精會神之秘關

释义：『谷道』即肛门，『月罡』即会阴。这里强调的是『撮』而非『提』，这在身体上的反应是不一样的。

94. 得中者得太极 一中化万相

得中者得太极 一中化萬相

释义：『引而未发谓之中』。古人说『中和之气』。太极者，不偏不倚。中，可以变幻莫测，也可以寂然不动。

95. 揉手拿到中 一手化一手发

揉手拿到中 一手化一手發

释义：无论是推手还是揉手，『中』是拳家必争之物。

96. 出劲螺旋带中走　一顺一逆任我意

出勁螺旋帶中走　一順一逆任我意

释义：螺旋劲带着『中』，这是比较高级的东西。

97. 接点出气球 一半转为化一半留着发

接點出氣球 一半轉爲化一半留着發

释义：这是『处处是丹田』的一种拳法意象，生发与转化共存。这是高手玩的东西。

98. 精气神一凝 发劲可散可聚

精氣神一凝 發勁可散可聚

释义：这是丹道在武术上的延展学问。『丹』就是精气神凝结的能量。

99. 接手一散敌失重　向空舒散稳准快

接手一散敌失重　向空舒散稳准快

释义：能聚就能散，这是内功掌控能量的体现。通常用于揉手对练。

100. 招术合一胜人一筹

招術合一勝人一籌

释义：『合』的表现能看出一个人的功夫程度。合一，协调身体上下内外诸方面。

101. 行拳走架一气呵成

行拳走架一氣呵成

释义：套路已经熟练掌握，相应的心法也已了然于心，这时才可以做到似行云流水。

102. 意到气到 气到力到 一劲贯穿

意到氣到 氣到力到 一勁貫穿

释义：说着容易做起来难，没有十年八年的功夫，根本找不到其体感。

103. 外方内圆神在中　一身好似小寰宇

外方内圆神在中　一身好似小寰宇

释义：身体的各个地方只有形成圆弧才能有气感，腋、胯、裆、肘、膝、指间都感觉似乎夹着个球。这里的『方』有挺拔之意，但也是方中寓圆。

104. 灵境一片运鸿蒙

靈境一片運鴻蒙

释义：『鸿蒙』是远古时代先民对世界混沌状态的一种描述。这里是说进入某种拳境或功态。

105. 身桩下扎　一心一意

身樁下扎　一心一意

释义：「扎」是用意念，而非身体努力。纯粹的意念力可以到达地球的另一面。

106. 练架如绳 一捻千变

練架如繩 一捻千變

释义：这与前面说的『提线木偶』有异曲同工之妙。

107. 阴阳转化　一物降一物

陰陽轉化　一物降一物

释义：万物之所以可以生生不息，就是阴阳不断地转化、新陈代谢所致。

108. 我意入彼骨 一主一客已暗转

我意入彼骨 一主一客已闇轉

释义： 推手或揉手当中，对于劲意的运用，也是一种阴阳转化。

109. 节膜拿脉抓筋闭穴　一功一法需点传

節膜拿脈抓筋閉穴　一功一法需點傳

释义：这主要用于散手，节、拿、抓、闭需经年累月地练习才能精准到位。这需要口传心授。

110. 上下一条线 两手带腰转

上下一條綫 兩手帶腰轉

释义： 百会穴与会阴穴形成一条虚线，这不是想出来的而是练出来的。

111. 丹田量多少　一气哈而远

丹田量多少　一氣哈而遠

释义：丹田是个位置，里面有多少能量，可以用一口气测试。

112. 文武火候需自觉 一津三咽气顺达

文武火候需自觉 一津三咽气顺达

释义：练功必须懂得『火候』，文火与武火有体感，适宜的火候就会有金津玉液，一般分三口咽下。

113. 吹呵呼吸吐故纳新　积用一处哼哈泄　混元一气此为得

吹呵呼吸吐故纳新
積用一處哼哈泄
混元一氣此爲得

释义：这是传统武术常用的呼吸方法。吹与呵、哼与哈，都是一呼一吸的关系。起如风、落如箭，打倒还嫌慢。呼吸快慢决定出手快慢。

114. 周身一气 无使有缺陷处

周身一氣 無使有缺陷處

释义：上下凝合，团聚中宫，一吸一呼，周天酣畅。这里讲的是打拳要营卫之气不散乱，形成浑圆势态。

115. 在天为气 在地成形 一意离合转化

在天爲氣 在地成形 一意離合轉化

释义：人体中，气通过意的作用来阴阳转化。这里借用天地的概念来说明气的变化有其自然本性。

116. 圆转如意　挡其八面　无有一处不能至

圓轉如意　挡其八面　無有一處不能至

释义：意到圆成，形成八面支撑。当然，这里的『意』不是仅仅靠想出来的。

117. 打拳练功得兜得住气　否则一泻千里一地鸡毛

打㨾練功得兜得住氣。否則一泄千里一地雞毛

释义：前面有提到『兜劲』，说的就是但凡发劲都应留有余地。

118. 呼吸灵通自然身法灵通　一吸提人起　一呼放人远

呼吸靈通自然身法靈通

一吸提人起　一呼放人遠

释义： 高手都有独到的呼吸法门，也可以统称为气之功。

119. 眼若吃住敌人 一搭手便能擒敌

眼若吃住敌人 一搭手便能擒敌

释义：「机」开于目，人体发放外气最强的地方就是眼睛。高手的眼神都很犀利。

120. 由己则滞　从人则活　一从可得落空之妙

由己則滯　從人則活　一從可得落空之妙

释义：说的是推手或揉手时，要舍己从人，有舍才有得。

121. 练十日拳阅一日书　不读书无以言

释义： 不读书无以言，这只是一方面。练拳要有师传，要有自习、自悟，读书是其中比较有效的途径。

122. 遇敌先礼后兵 十三式择一式如虎待鹿

遇敵先禮後兵 十三式擇一式如虎待鹿

释义：练武要先学武德。在太极拳中有八法五步十三式。可以从最有兴趣、最符合自身条件的某一式入手精进。

123. 练太极不在外形在于内理　劲与气通利之后能悟神而化之可功成　若逢师传留一手一笑置之

練太極不在外形在於內理　勁與氣通利之後能悟神而化之可功成　若逢師傳留一手一笑置之

释义：太极拳练出劲气通利的体感，则可进入高阶探索学习。实际上，师传留一手很正常。

124. 精气神合一 玲珑体成就

释义：修行、练功都是精气神的拿捏，待到尽在掌握的时候，身心玲珑剔透是成果之一。

125. 八纲五纪一气串成

八綱五紀一氣串成

释义：八纲五纪源于易经之八卦五行，不同领域、不同拳种对此有不同定义。比如通背拳的八纲讲阴阳、开合、虚实、刚柔。

126. 周身一体松下来

周身一体松下来

释义：松有局部松和整体松。练拳盘架，要一个整体放松。要像面包一样发起来，内空虚，外挺拔。

127. 纵力转横力身体挂手上 一拳出去惊起惊落

縱力轉橫力身体挂手上 一拳出去驚起驚落

释义：这也是功夫上手的一种演绎，可参照前面相关描述。

128. 舌抵上腭随呼吸一顶一放 吸时顶呼时放

舌抵上腭随呼吸一顶一放 吸时顶呼时放

释义：身体有两个地方练功时需要搭桥，一个是谷道，一个是口舌。可以用腹式呼吸配合练习。

129. 定式进入下一式前 双掌心需有外凸

定式進入下一式前 雙掌心需有外凸

释义：功夫上手后，两手就可以练很多花活，并运用到套路演练当中。

130. 从心所欲听自由 一劲有一境灵妙

從心所欲聽自由 一勁有一境靈妙

释义：练功打拳到了随心所欲的层次，就像乘飞机俯瞰地面。揉手中，两人一搭手叫听劲，对方一搭手，你的意气往里一进叫问劲。

131. 练拳胸有成竹　出手得一惊一乍

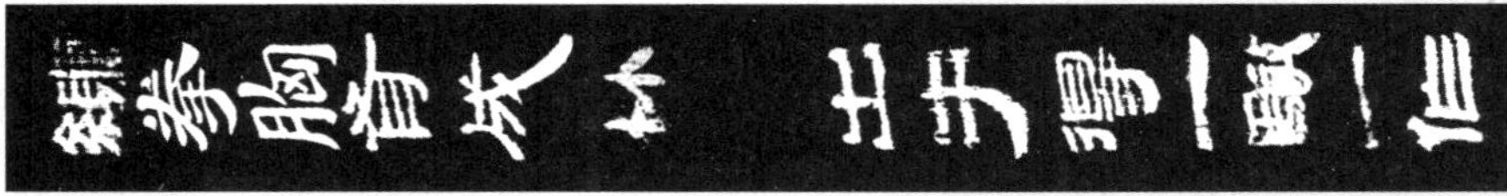

释义： 练拳与做事是同样的道理，不慌不忙是准则。而一旦遇敌用拳时，就得像动物遇到危险时一样，比如猫狗感觉到危险时，其后背的毛就会一根根竖起来。

132. 白天练眼　晚上养眼　一眼可定乾坤

白天練眼　晚上養眼　一眼可定乾坤

释义：传统武术中有练眼神的功法，属于门内功夫。高手的眼神似有一道寒光。

133. 后足一登体重上拳头

后足一蹬体重上拳头

释义：周身一家，这亦是功夫上手的一种体现。这里的「登」是超越「蹬」的动作，具有一种意象的体势。

134. 练拳如亲嘴 一灵通神

練拳如親嘴 一靈通神

释义：这种比喻平易近人，找找那种陶醉忘我的感觉。

135. 功夫上身始有拳术　一招走天下

功夫上身始有拳术　一招走天下

释义：没有内功的拳就是体操，只有肢体的活动，没有内涵。

136. 手到劲发 一脊神变

手到劲发 一脊神變

释义：脊柱是人体重要的组成部分，脊梁、栋梁都是相似的概念。比武中，脊柱能够做出快速反应，基于内功的成就。

137. 随上内功　一日千里行

随上内功　一日千里行

释义： 功夫上身之后，步行千里也是平常事。

138. 息归意统　阴阳交变统一

息歸意統　陰陽交變統一

释义：『息』在前面有阐述，可参看。『息』与『意』有密不可分的关系。

139. 入象化脑　见识什么便有什么　一境通万境

入象化脑　見識什麼便有什么　一境通萬境

释义：前面提到过『出相入象』，实际上内功可以变成创造力。

140. 宁在一思进　莫在一思停　真身只在刹那

寧在一思進　莫在一思停　真身衹在剎那

释义：说的是真正比武时，步数不能断，没招也忙活，来来去去一阵忙活就把人给打了。遇上高手，不容犹疑。出手现真身。

141. 腋窝一张一拧　拳劲活脱

腋窝一张一拧　拳劲活脱

释义：腋窝也是传武的一个能量所在。打拳站桩都要求腋下有夹着鸡蛋的感觉。

142. 练拳要身心分离　用拳应身心合一

练拳要身心分离　用拳应身心合一

释义：练拳与用拳是两种思维，只有身心分得开，才能合得上。

143. 提足心　蹭地行　一路走一身功

释义：这是行功中的一种功法，还有比如用脚弓的弹力来走动。

144. 站空自己　站出灵感　一站入妙门

站空自己　站出靈感　一站入妙門

释义：桩功有千百种，桩法亦五花八门，效果也大相径庭。而『空』这一脉，我认为是更高法门。

145. 站桩打一厘米拳

站桩打一厘米拳

释义： 站桩不是傻站，站到一定程度，可以试着打似是而非的拳。

146. 四体百骸终归一气

释义：全身各部位器官是由一气主导，此气非呼吸之气。

147. 脚下一弹　撩起伤人

脚下一弹　撩起伤人

释义：这是传武的东西，旧社会用得着。但可以从中了解到脚下的弹性力量。

148. 脚拇趾一蹬　头就顶上了劲

脚拇趾一蹬　頭就頂上了勁

释义：脚拇指附近有三条阴经，通过蹬的动作，劲力上了头。没练到一定程度，也达不到这种境界。

149. 武学道艺更高一筹

武學道藝更高一籌

释义：道、艺具有精神引领的高度，否则拳架没有品位。

150. 三节成一节　六合定功架

三節成一節　六合定功架

释义：根中梢三节可分可合，到肩肘手、胯膝足六合，拳有小成。

151. 坐腰惊尾椎 反应反击合一

坐腰惊尾椎 反应反击合一

释义：这是传武不轻易外传的身法，现在练到的人不多。

152. 不招不架着肉分枪　一出拳致敌倒地

不招不架着肉分槍　一出撲致敵倒墬

释义：『着肉分枪』是说后发先至的能力，一种比喻。这是胸有成竹的气象。

153. 三花聚顶　五气朝元　玄关一转天门开

三花聚頂　五氣朝元　玄關一轉天門開

释义：这是道家的东西，借用到武术修为当中，都是上道的心法。『三花』是精气神；『五气』是五行之气。

154. 先天一炁虚中来　天得太一以清明　人得太一以通神

先天一炁虚中来　天得太一以清明　人得太一以通神

释义：神通是禅定的产物。修道火候恰当，身体上会有『丹田如火烧，两肾如汤煎』的感受。

155. 七轮取一轮　意到拳到

七輪取一輪　意到拳到

释义：密宗有『七轮』的说法，同样的道理，借用到武术中，练其中一轮也能起到作用。

156. 撒网收网一个东西

撒網收網一箇東西

释义：说的是内功练到一定程度，意念力的强度。

157. 手指一弯即是拳

手指一弯即是拳

释义：武术要练到指尖，虎口、指缝都是腱子肉。气到筋梢，肉顶指甲。

158. 息停脉住天人合一

息停脉住天人合一

释义：有句话『非息停脉住者而言得定无有是处』，入定超越入静，这时候用全身的毛孔呼吸，与天地同频共振。

159. 静坐冥思　制心一处

释义：减少能量消耗，集中精气，是天人合一的基础。据说春秋战国以前，社会上就已经普遍流行静坐养生之法。反观内视是古人倡导的一种入静方法。像中医的经络就是通过内视的功夫逐一发现的。很多武术名家都懂得打坐。

160. 定为百工共法　一定得丹

定為百工共法　一定得丹

释义：知止而后能定，定而后能静，静而后能安，安而后能虑，虑而后能得，最终得的是真气。道家有『灭息定』，佛门有『灭尽定』。

161. 惊功 受风 掐诀一下就灵

驚功 受風 掐訣一下就靈

释义：这里指子午诀，也叫合手。左手无名指的指根叫「子」，中指尖叫「午」，除了练功时受惊、受风立刻掐诀，据说还能保护中枢神经。

162. 脚心似吸盘 微微一张浊气排

脚心似吸盤 微微一張濁氣排

释义：打拳练功在收功的时候都要让浊气从涌泉穴排出。

163. 卷舌塞喉　一口玉液　还精补脑

卷舌塞喉　一口玉液　還精補脑

释义：这与『舌抵上腭』有异曲同工之妙。道家很珍惜口水，故尊其为『玉液』。

164. 撑开一片天　清阳升　浊阴落　行云流水在其间

撑开一片天　清阳升　浊阴落　行云流水在其间

释义：这是太极拳的一种心法。有的也将之说成『撑开一把伞的感觉』。

165. 身心合一　身正气通　气通意静　意静神活

身心合一　身正氣通　氣通意靜　意靜神活

释义：练功或修行就是把后天所学的所有知识和见闻等物质世界的东西都暂时关闭，才能逐渐呈现先天的功能，也就是识神退位，元神就位。

166. 空空洞洞一气游　脐下之珠上指尖

空空洞洞一氣游　脐下之珠上指尖

释义：这也是功夫上手的另一种说法和练法。『脐下之珠』说的是炼出的『金丹』。

167. 玄关一窍一造化 天地同根大动能

玄關一竅一造化 天地同根大動能

释义：玄关一窍，不固定在某个地方，它是修道至一定阶段自然出现的。道书说，玄关无定所，机至则显，机去则隐。

168. 紧箍咒一收紧眉头自然展开

緊箍咒一收緊眉頭自然展開

释义：这是『展慧中』，开头部窍位的一种方法。眉开自然笑口。脑袋上集中四个窍，分别是顶窍、意窍、总窍、玉枕窍。

169. 中脉一通　通天入地

中脉一通　通天入地

释义：道家、佛家都有关于中脉的修炼方法。根据战国时期的《行气玉佩铭》记载：『行气，深则蓄，蓄则伸，伸则下，下则定，定则固，固则萌，萌则长，长则退，退则天。天机舂在天，地机舂在下。顺则生，逆则死。』这是最早关于中脉的功法。

170. 鼻拉脐肝火降　一气不生是秘诀

鼻拉脐肝火降　一气不生是秘诀

释义： 这是道家的一种养生小功夫，也可以用于太极拳或其他拳种修炼。

171. 吸提嘬闭 四字一诀指采药

吸提嘬閉 四字一訣指采药

释义：炼丹到了一定火候，进行采药时使用该诀。吸，吸气；提，提三阴；嘬舌头防漏；闭五门固气。『五门』即正阳之门劳营、正阴之门涌泉、纯阳之门口腔、纯阴之门肛门和精门。

172. 引气归海温养周身 收功有道一收还原

引氣歸海溫養周身 收功有道一收還原

释义：卫气可以练。真气、元气只能养不能练。营气也不能练，只能调。练功打拳应注重收功，避免漏气。

173. 调息要设想一个中心 即守窍守中守一

调息要设想一个中心 即守窍守中守一

释义：「中心」的概念是有的放矢。「守」是不偏不倚、静待花开。

174. 呼吸方法千百种　熟练一种即可治病

呼吸方法千百種　熟練一種即可治病

释义：人活着就靠一口气，上乘的呼吸的确可以调理身体。

175. 心安理得　心神如一

心安理得　心神如一

释义：此心安处是故乡。『安心』是每个人的生命必修课。

176. 呼吸一微妙拳架就微妙

呼吸一微妙拳架就微妙

释义：没有呼吸的拳架是没有生命力的，两者相辅相成。

177. 先天八卦 一气循环

先天八卦 一气循環

释义：先天八卦，从太极中流出内丹真体，生物之元气。后天八卦分阴阳善恶。在行拳中须无为，逆中行顺，逆藏先天之阳，顺化后天之阴。

178. 手心一向后自然腋半虚臂半圆呼吸畅

手心一向後自然腋半虛臂半圓呼吸暢

释义： 这是调整站桩的一个好方法，也可以是两拇指微微往内旋。

179. 内外一气 动静一源 体用一道 殊途同归

内外一气 动静一源 体用一道 殊途同归

释义：现在很多人练拳，形意不形意，太极不太极，八卦不八卦，身体似一片散沙。主要是因为没有正确的心法支撑。比如过去形意拳讲，两肘不离肋，两手不离心，出洞入洞紧随身。

180. 内家拳的基础是内丹　内丹的外用是内家拳　二者之奥妙一脉相承

内家拳的基础是内丹

内丹的外用是内家拳

二者之奥妙一脉相承

释义： 内家拳是道门里炼内丹衍生的副产品。太极拳是内丹的外动、外架，应该是由内而外自发运动。所以学习太极拳首先应了解道家思想。

181. 心有灵犀一点通

心有靈犀一点通

释义：当你开窍的时候就有这种感觉。练武是需要开窍的，有虚窍和实窍，只要一点通便豁然开朗，功力长进。

182. 四禅八定清净守一

四禪八定清淨守一

释义：初禅念住，二禅息住，三禅脉住，四禅灭息定。这是佛教说法，讲呼吸的层次。呼吸不只是维持生命，还能让体内产生负压来打通气脉。正常修炼要匀、细、深、长。

183. 武学难全　一诀擎天

武學難全　一訣擎天

释义：练功为强身，心法为致用，『诀』使功法由繁到简。武学无止尽，一句恰当的心诀就能使功夫上身。前人说，练武半辈子，一句话点醒徒弟。

古传金句

1. 假传万卷书 真传一句诀

假传万卷书 真传一句诀

释义：诀是意，用来开窍和体悟的，真诀一句就够。法无定法，不同的诀适用于不同的人。

2. 大道不言 开口便错

释义： 能够讲出来的多为理和境，而大道是经过启发，本能出现的。

3. 人刚我柔谓之走

释义：在推手运动中，这是经常会被应用的一句话，实际上，柔的前提要有完整的重力势能。

4. 真人之息及踵 众人之息及喉

真人之息及踵 众人之息及喉

释义： 呼吸有千百种，呼吸的深度是由功力决定的。证得才是真得。

5. 胎从伏气中结

释义：通过调整形体使得气沉丹田，通过呼吸吐纳，久而久之结胎。

『胎』指的是『丹』。丹田内呼吸也叫胎息、自然屏息。

6. 息息归根乃金丹之母

释义：这需要一个人修得大气象、大气脉。金丹大道要摄取宇宙本体中生生不息的动能，达到『同于造化，与天地同根』的地步。

7. 神去离形谓之死

神去离形谓之死

释义： 平常说一个人有了离世之相，就是说这个人的神态已经不饱满了。

8. 神行则气行　神住则气住

神行则气行　神住则气住

释义：强调『神』的主导地位。试想无神的人会怎样？

9. 以觉者为师

释义：佛就是觉者，这里觉者是指明心见性的老师。

10. 一切贤圣皆以无为法而有差别

释义：大道类同佛法，随立随破，也就是说知法用法后就要舍去。不用法才是大法。有为法都是一样的，只有无为法因人千差万别。

11. 心不死道不生

释义：修道从返听、返嗅、返观、返舌、返思开始，若心存执着，难以修成正果。

12. 心液下降　肾气上腾

释义：这里指心肾相交的另一种状态。常见说法是心火下降，肾水上升。这样才能阴阳平和。

13. 虚其心实其腹

释义：就是致虚极守静笃的另一种表达。虚心才能上功，只有这样，才能出现真炁、混元气。

14. 至虚极守静笃

释义：静的前提是要懂虚无、懂得放下。静不是不动，而是身心做到全面的和谐平衡。这里的『至』通常用『致』，但笔者认为作为武术人应该用这个『至』，因为它具有毅力、志向的含义。『虚极』非常难企及，如果没有意志力，将永远是一种『致意』。

15. 顺则成人逆成仙

顺则成人逆成仙

释义：修道需要通过返观内视的途径，顺是出去，逆是回收。科学靠外证，修道靠内求。内家拳也是这一道路的典范。

16. 识神退位本神出

释义：通过修道、练功，从后天返先天，恢复更智慧、更高级的人体潜在功能。识神用多了会影响元神，会体弱多病。

17. 神宜内敛　气宜鼓荡

释义： 神之性与气之性正好是阴阳相对的关系。

18. 功夫千古事　得失寸心知

释义：这是『文章千古事』的武学说法。练出功夫是一个漫长的过程，才能知己知彼。

19. 仰观象于天 俯察法于地 近取诸身 远取诸物

仰觀象于天 俯察法于地

近取諸身 遠取諸物

释义：关于近取诸身，以八卦掌为例，以八卦之数，为八卦之身；以八卦之身，练八卦之数。很多拳术取象于动物，比如形意拳十二形、八卦掌有八形等远取诸物。

20. 气不过头　力不过肩

释义： 传武的口诀，是身法也是拳法，更是调身的要求。

21. 胯开虎张口　脊活如龙摆

释义：开胯和活脊所产生的威力如虎似龙。但怎么开？怎么活？都需要功法与心法的支撑。

22. 内动六球指如针　久练此法功自深

内动六球指如针
久练此法功自深

释义：『六球』指两个眼球、两个腰子（内肾）、两个睾丸（女子是两个乳房）。六球的开或合，直接影响上下肢各大关节的松弛或紧张、动或静。两个眼球管两个手腕和脚腕；两个腰子（内肾）管两肘、两膝（曲池穴和阳陵泉穴）；两个睾丸（女子是两乳房）管两肩和两胯（肩井穴和环跳穴）。眼球属维脉，阴维阳维，是管平衡的；腰子属带脉，是管旋转的；睾丸属跷脉，阴跷阳跷，是管升降的。

23. 玄之又玄　众妙之门

释义：原句来自《道德经》，在此我借用来说明道家的『玄关一窍』。分为上玄关与下玄关，机至则显，机去则隐。广成子说『我守其一』，就是守这个窍。有句话叫『不明玄关一窍，修道终是空。』

24. 神意相会冲击泥丸

神意相会冲击泥丸

释义：泥丸宫，相当于松果体。修道到了无为法阶段，就是『开三丹，通三关』，会有神意出现并相会，然后得真气。

25. 和合凝集 决定成就

释义：来源于《宝积经》，被称为世尊的密语，大藏一教之秘文，即性命双修之法宝。四字讲了调药、产药、采药、炼药的四步功法。也就是小周天功法的正统练法。

26. 无心为体 忘言为用 柔弱为本 清静为基

释义：这是修道的条件，无心、忘言是从有为到无为的状态。

27. 人体内景隧道唯返观者能察照之

释义：来源于明朝李时珍的语录。长期返观内照能够内视自己身体的景象，功力深厚的人甚至可以看到别人的身体内景。

28. 守窍可以想如鸡孵卵如龙养珠

释义：窍开，气才能出。守，就像是用思维之火和呼吸之风去加热窍位，如同炼丹炉。

29. 见者不可用　用者不可见

見者不可用　用者不可見

释义： 这是内功的玄妙之处，可意会不可言传。

30. 我命由我不由天

释义：全真派南宗祖张伯端《悟真篇》中有述，其他道书中也多有述及，这是所有修炼者的追求目标。

31. 先天一气号虚无　运转能使骨不枯

释义：这是修到真气的境界，真气比内气更加高级，它是真元之气，会自动在中脉汇合。

32. 万物资始乃统天 云行雨施 品物流行

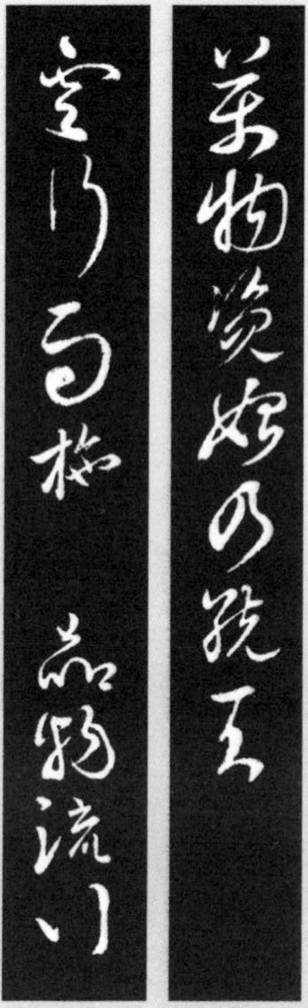
万物资始乃统天
云行雨施 品物流行

释义：来自《象传》，这里借用乾卦的哲学思想——首出庶物，万国咸宁，比如太极拳的起势。

33. 起如箭　落如风　追风赶月不放松

起如箭
落如风
追风赶月不放松

释义：还有类似一句『起如风，落如箭，打倒还嫌慢』，都是说天下功夫唯快不破。

34. 五形四梢要合全　气连心意随时用　硬打硬进无遮拦

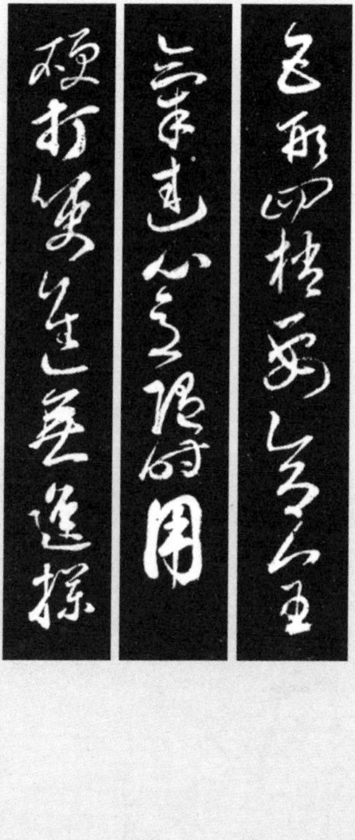

释义： 在身心做好备战的状态下，勇往直前。

35. 只要神意足　不求形骸似

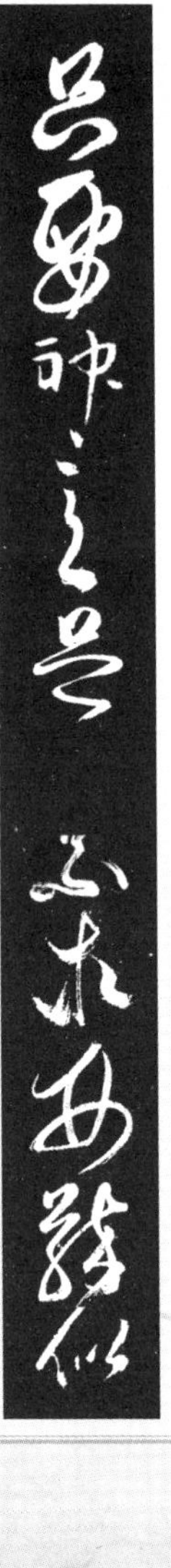

释义：演练套路时，外形好不好看不重要，关键是内在的东西在运行。

36. 提挈天地　把握阴阳

提挈天地　把握陰陽

释义：来自《黄帝内经》，这里没用『挈』，而是用『擎』，主要是为了用于说明武学上内含劲力的特性。用于拳术中，就是身法，就是心法。

37. 恬惔虚无　真气从之

恬惔虛無　真氣從之

释义：大道教人『虚怀若谷』，修道讲返观内照，到高级阶段可以达到息停脉住。这个时候，元气就会源源不断产生并循环。这里的『惔』，更突出心灵的感受。

38. 法无定法　因人而异

法无定法　因人而异

释义：前面讲了很多法，不同的人适合不同的法，或因兴趣或因缘分。『法』是入门上道的阶梯。

39. 给我十两金 不传一口意

释义：这里的『意』是意思，拳理的意思，也可以说是心法，说明其珍贵性。

40. 定业不可改　无缘不可度

释义：佛菩萨有『四不能』：因果定业不可改，智慧不可赐，真法不可说，无缘不能渡。尤其强调第一点。为师授徒也是这样。

41. 为道日损　损之又损　以致无为

释义：为学日益，为道日损。修道练功的人应该明白这个道理。

42. 有欲观其窍　无欲观其妙

释义：有欲，是有为法；无欲，是无为法。两者说的是修道层次不同。

43. 八卦有乾坤 太极藏龙虎

释义：八卦掌，是一种以掌法变换和行步走转为主的中国传统拳术。由于它运动时纵横交错，分为四正四隅八个方位，与『周易』八卦图中的卦象相似，故名八卦掌。太极拳，是以中国传统儒、道哲学中的太极、阴阳辩证理念为核心思想，结合易学的阴阳五行之变化、中医经络学、古代的导引术和吐纳术形成的一种刚柔相济的传统拳术。这句诀区别了八卦和太极的哲学属性。八卦含有太极，太极生成八卦，所以两种拳不是孤立存在的。

44. 搭手加功夫　出手见高低

搭手加功夫　出手见高低

释义：秋风未动蝉先觉，比武比谁先知道。天下功夫唯快不破。平时要动心思多练。

45. 力达四梢　天地交合

释义：筋骨血肉四梢，发力瞬间，要感觉力量到达这些梢节；天地交合，说的是意念通过四梢向天地冲击。整句诀的意思是意要比力远，才能震慑对手。

46. 少要疯狂老要稳

少要疯狂老要稳

释义：八极拳谚语。八极者行拳必内存八意，外具八形，劲发八面。主张沾手就进，贴身就打。

47. 晃膀撞天倒　跺脚震九州

晃膀撞天倒　跺脚震九州

释义：八极拳讲究刚猛爆裂的劲力，有发劲可达四面八方极远之地的气象。练功方面实际上也讲柔与静，并非纯刚。

48. 手眼身法步　精神气力功

释义：精气神与筋骨肉应该相倚而不相违。有形与无形相辅相成。赵道新先生说过：『一些人讲求「形骸」成癖；一些人追寻「意念」成疯。前者被三节、四梢、五行、六合……捆成了五花大绑，后者则躲在幽处独享精神激战。』

49. 气随手入 气随手出

释义：这是少林拳的心诀，其实也是功夫上手的一种表达。

50. 放长击远 九柔一刚

释义：这是通背拳的特点，通背拳拳谱上还有三圆九缠乱环套、三头六臂七手八足等拳法。

51. 太极十年不出门　形意一年打死人

太极十年不出门　形意一年打死人

释义：太极拳是以虚御实，形意拳的初级是以六合之实打击敌手之实，而高级打法也是注重虚灵。但多数人学形意拳都在学『打死人』，将精气神提起来一发劲都散出去了，最终把自己打死了。按门内人说法，形意拳的练法、打法、演法的口诀都是不一样的。太极拳养人在于含住精气神滋养五脏六腑。当然也有这样的说法：三年太极上阵杀敌，六年太极斩将攀旗，九年太极衣锦还乡，十年太极不出门、一不留神打死人。

52. 上掌千斤举鼎式　下掌托天把力砸　中掌推倒千年柏　归宗一百六十八

上掌千斤举鼎式　下掌托天把力砸

中掌推倒千年柏　归宗一百六十八

释义：这是八卦掌的基础劲力。在身法上还有肩肘腕三个凹处可放鸡蛋，头顶放杯水等。正宗传承有20个名号：海福寿山永强毅定固基昌明光大陆道德建无极。但不同门派不同分支都有不同掌法及练法，比如尹派中八形八掌和削砸劈挎的走化以及『内挂气，外挂功』的练法等。

53. 只因一念妄 现出万般形

释义：固灵根而动心者是武艺，养灵根而静心者是修道。但凡人往往会因境产生各种妄念。

54. 慧光生处觉花开

释义：当内心有所悟的时候，就会产生一种无形的光芒。这种慧光像花儿一样绽放。

55. 内舍意念　外舍万缘

释义：这里的意念指妄念，在生活中只要是与社会接触就会有各种各样的结缘，不要将所有事物都纳入胸怀。所以说『为道日损』。

56. 呼吸到脐　寿与天齐

呼吸到脐　寿與天齊

释义：婴儿出生前靠脐带呼吸，胎息是先天的本事。而人在慢慢长大之后只能靠后天呼吸，如果能修回先天，自然长寿。

57. 惊起四梢永无惧　灵劲上身天地翻

释义：『惊起四梢』有主动和被动两种，主动的能力需要修炼，而被动有自主与无主状态，但是因于外在的驱动。

58. 拳打鬼不知

释义：这也是一种灵劲上身后的知觉能力。师傅经常讲，过去高手打人没等被打的反应过来，被打的就倒地了。其实就是出手快。

59. 百炼不如一站

释义：站指站桩，通常情况下说的是拳练得不对的话不如一站。站桩是武术功法中相对最简约、最立竿见影的方法。桩功种类繁多，各有特点和效用。

60. 常驮白牛车

释义：这是打开玉枕关窍的心诀。要像有个带子拉着白牛车上坡，慢慢往前拉。

61. 气厚身轻

释义：我有一个走行功的体会。前些年走，往往是越走身体越重，而这两年的感觉却相反，越走越轻，有时候就像一张纸在街上飘着。

62. 同声相应　同气相求

释义：这是『物以类聚，人以群分』的另一种表达。比如修道练拳要找自然条件好的环境。

63. 天地氤氲 万物化醇

释义：如果一个人也能有天地这样的气态，说明他的身心有了天人合一的条件。但是普通人难及，毕竟生活不简单。

64. 打拳练功度物修仙

释义：这是笔者生活的主要内容，感觉可以与『大道』为邻。有句话我很喜欢：窗外阴晴圆缺，内心一片艳阳天。

65. 一根得返还　六根俱解脱

释义：六根即眼、耳、鼻、舌、身、意，修道利用其中一根来修炼。一根解脱，其他五根也就清净了。练武也是这样，若想修得内功，看你最先结缘哪一根。

66. 人之大患在于好为人师

人之大患在于好为人师

释义：真人不外露，外露非真人。心垢不除难成明师。佛经《大智度论》有分辨明师与伪师的『四依法』：要依法不依人；要依义不依据；要依智不依识；要依了义，不依不了义。其中『了义』是指无法可说可学可执可修，就是说忘法才能无念无象无为。

67. 蓄劲纳百川

释义：劲要整，势要展。内心生出这样的意象，是一个人的修为，而不是用力的做作。有这种修为的高手，通常都比较淡泊名利。

68. 踢翻沧海　喝散白云　大地尘飞　虚空粉碎

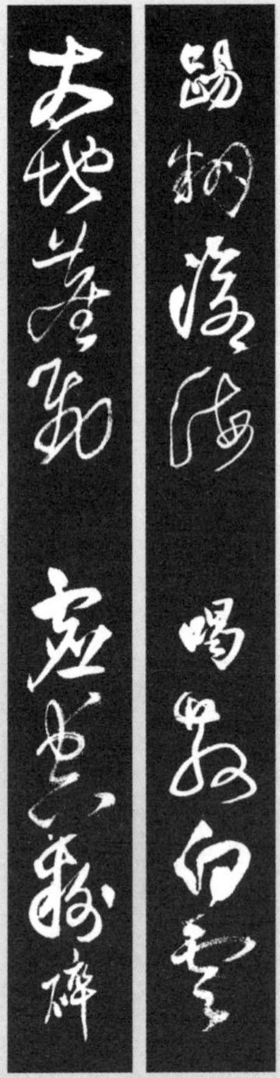

释义： 说的是高级拳境。自在自由、势不可挡，这种高手往往为人处世也是非常大气的。

69. 神领无散骨

释义：前面有过关于『神』的描述，可参看。这里我想说，长期练功，不能把双眼闭死，否则容易心火上升。宜垂帘，平视，内视。

70. 守住中定放开打

守住中定放开打

释义： 这是杨式太极拳很有名的一句诀。关于『中』与『中定』，前面有介绍，可参看。传武中有『打人用锥劲，发人用扇劲』。

71. 身力到手 肩之所为

释义：这是身法，肩肘手一劲贯通。这与功夫上手的概念不一样。也可说是内功的层次不同。

72. 手是两扇门 全靠脚打人

手是两扇门全靠脚打人

释义：这是传统武术中流传很广的一句诀，说的是脚的功夫。劲力起于足，发于腿，主宰于腰。太极拳不动手，脚下生根。

73. 尚气者无力　养气者纯刚

释义： 卫气可以用，其他气要养、要调。这里的『气』相近于气功。

74. 欲求力之足　先求气之充

释义：前面有过相关的描述，比如第二部分第111条。其实就是传统武术中气力不分家。

75. 太极本无极　无极方太极

释义：太极与无极的关系密不可分，学太极必须懂无极，比如太极拳起势就是无极式。

76. 根在脚 发于腿 主宰于腰 形于手

根在脚发于腿、主宰于腰形于手

释义：前面有过相关描述，再次专门做个提示，说明其重要性。练功要先在脚下动心思。

77. 命意源头在腰隙　变换虚实需留意

释义：命门穴是重要的穴位，命门后撑气填海，是人体的交通要道。它对着肚脐，『脐』的重要性前面也有过多次提及。腰隙大约位于第二和第三腰椎之间，是元气发生转化之处。

78. 刻刻留心在腰间　腹内松静气腾然

刻刻留心在腰间
腹内松静气腾然

释义：可参看上一条，两者相近。但这里强调意念的静态，让五脏六腑松静，尤其在收功的时候。

79. 含着劲炼拳　兜着劲打人

含着劲炼拳　兜着劲打人

释义：『兜劲』在前面有过说明，可参看。总之，练拳、用拳以养为贵，为身体留一手。

80. 手是勾子 眼似电 腰为蛇行 腿是钻

手是勾子 眼似電

腰為蛇行 腿是鑽

释义：这是传统武术的一种身法，适于实战型的拳术练法，一般习练者了解一下，可以多一个认知。

81. 胳膊如绳　肉为水　手如婴

胳膊如繩　肉爲水　手如嬰

释义：这是外功与内功互动的结果，实际上筋膜松开后，可以螺旋拧转，这时候肉与骨头是被动的。有的动物下蛋，可以看见蛋壳里面那层膜的旋转纹理，是同样的道理。老一辈拳师确实有『手如婴』的呈现。

82. 上下相随人难进　引进落空合即出　粘黏连随不丢顶

释义：『粘黏连随』，指对练中两人的阴阳相合，有很多练法，如阳找阴为粘，阴找阳叫黏，连是粘黏一起，随对方。手背找脚心，手心找手背。而手心找脚心会自己被拔根，手背找手背不起作用。具体需要口传心授。

83. 运劲如抽丝　蓄劲如开弓　发劲如放箭

释义：这是比较形象地比喻身体劲力的形态及发放状态。

84. 无形无相 浑身透空 应物自然 西山悬磬

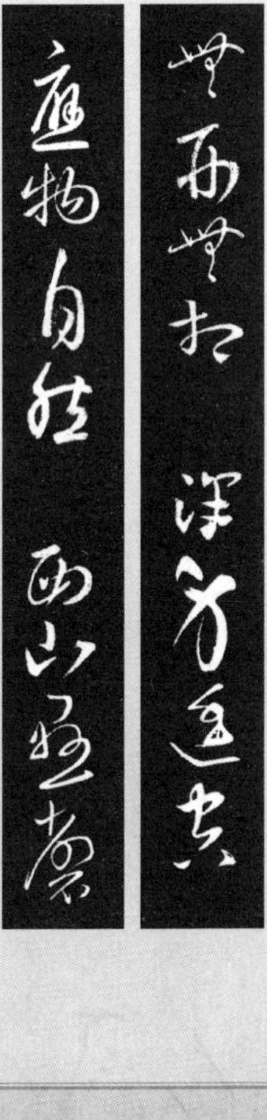

释义：这是《授秘歌》，一共八句，还有『虎吼猿鸣，翻江倒海，泉清水静，尽性立命』，武术界有各自的心得解释。前面讲过很多类似的说法，如第一部分第2、20、28及第45条，可参看。

85．一吸便提 一提便咽 息息归根 水火相见

一吸便提 一提便咽
息息归根 水火相见

释义：张三丰总结的十六个字。吸气时要提三阴，即男性想着提精囊，女性想着提子宫；一提便咽口水，意想往密处里咽；『息息归根』就是吸和呼都想肚脐（又叫根蒂）；这样，呼吸就做到了肾水和心火相交合于丹田。

86. 练出一粒丹田气　万两黄金不予人

练出一粒丹田气
万两黄金不予人

释义：『丹』其实是精气神的能量集成，并非多么遥不可及，但是练法是不传之秘。

87. 光而不耀　与光同尘

释义：出自《老子·道经·第四章》：『道冲，而用之或不盈。渊兮似万物之宗。挫其锐，解其纷，和其光，同其尘。湛兮似或存。吾不知谁之子，象帝之先。』可参看前面第三部分第54条，一个是隐藏，一个是呈现。

88. 心在内而理周乎物　物在外而理具于心

心在内而理周乎物　物在外而理具于心

释义：人为万象之灵，能通感诸事之应。心意诚于中，万物形于外，整体合一是心力通过经络贯通周身上下形成。

89. 心为君　神为主　气为用　精从气　意为媒

心为君神为主气为用
精从气意为媒

释义：这是道家修道练功筑基阶段的用诀之一，心静则神全，神全则性现，寂然不动为心，感而遂通为神。

90. 堕肢体 黜聪明 离形去知 同于大通 此谓坐忘

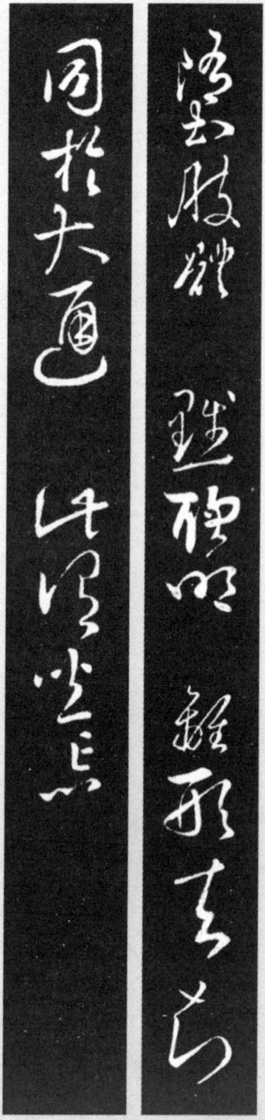

释义：庄子描述真人打坐的状态，全身放松，达到忘我的境界。内家拳的高级境界都与老庄思想有着千丝万缕的关联。

91. 天机动则大道生而神通现　人气动则真阳生而功夫成

释义：古人认为，心静则天机自动，身静则人气自动。实际上说的是性命双修。《黄帝内经》中提到呼吸精气，独立守神，肌肉若一，故能寿蔽天地。

92. 生而不有　为而不恃　长而不宰　是谓玄德

生而不有　為而不恃

長而不宰　是謂玄德

释义： 上层功法以虚为用。玄德是奥妙深邃的大德行。大道往往孕育万物、培养万物而不据为己有，同时，更不自恃有功而凌驾于万物之上，更不会因为自己是万物之长而主宰万物。

93. 自古千佛万佛　无不顶天立地　两眼看两眼　鼻拉直　眼拉横

释义：说的是气沉下来，头轻轻上顶，脖子拉直，不用力，鼻子上下拉直，眼睛好像向两边拉开。这样可感觉上丹田空灵。

94. 脚踏中门夺地位

脚踏中门夺地位

释义：实战中，把脚插进敌人的两足之间，机会难得，就是神手也难防，一个进步敌人就会跌出去。

95. 按肩练步　起如挑担

释义：行拳走架要沉肩坠肘，肘部沉坠，肩部压抻，这样有助于发劲快速齐整。

96. 拳从口出

拳从口出

释义：这是形意拳的练法，前人解释为拳从腰里升到自己的嘴跟前，再递出去，也就是调动精神把拳打在自己的中线上。

97. 知所先后则近道

知所先後則近道

释义：来自《大学》，完整的一句是：『物有本末，事有始终，知所先后，则近道矣。』借用过来，是想说，了解武学、武理，才能更好入道。

98. 万拳之法不离中　中门之路妙无穷

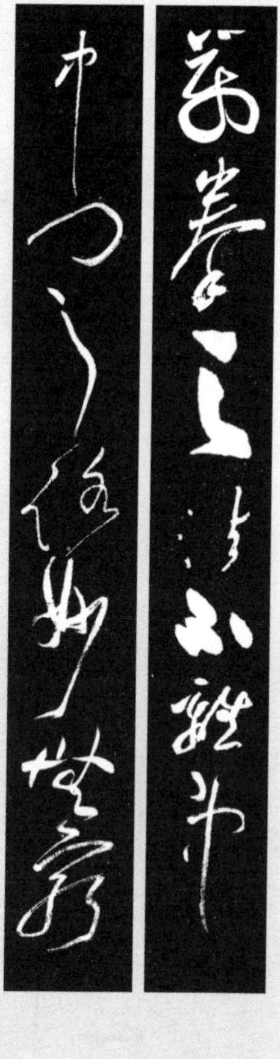

释义：来自五行连环掌拳谱：迎敌我使中拳护，入界我使中拳攻。五行中央戊已土，一路中拳保太平。对敌先占中平位，准备敌人败下风。身要平稳拳中正，五护八断不透风……这与前面讲过的『守中』『用中』异曲同工。

99. 手毒如风扫残叶 眼毒如日照寒霜

释义：武术技击层面，各家都有不同的『毒』心法。这是通背拳的诀，见人如摸草出手，五指似钩，手背似铁，腕似棉，胳膊似皮鞭，肘似环，肩似风轮，脊似锅，胸似洞，腰似蛇行，胯似奔马，膝似寒鸡，脚似钻。

100. 凝神定息是初机　退藏密地为常寂

凝神定息是初机　退藏密地为常寂

释义：还有『光回祖窍万神安，药产川源一气出』等。不著一物是名心静，不留一物是名心空。这是日常都应该守持的道法，即虚静。

101. 一回光天地山河一切皆回矣

一回光天地山河一切皆回矣

释义： 天地之光华，布满大千，一身之光华，亦自漫天盖地。关于『光』可参看前面第三部分第54条、87条。

102. 心归到处气归宗

释义：说的是修心养性的重要性，任何一种呼吸，首先是心灵的功课。当然至道通旋处，先学呼吸到脐宫。

103. 万事劳其形　百感困其志

万事劳其形　百感困其志

释义：人这一生，无时无刻不处于天地万物困扰之中，被无尽的消耗。修道者应练后天补先天。

104. 发则金刚怒目 守则菩萨垂眉

发则金刚怒目 守则菩萨垂眉

释义：应敌出手时憎目切齿，雷霆万钧；静守时屹如泰山，气态稳重。

105．悲天悯人心常在　方便慈善时时行

悲天憫人心常在　方便慈善時時行

释义：正如『留情不动手，动手不留情』，学拳先学做人，人品修优秀，技艺炼神化，走遍天下无惧怕。

106. 眼前无人似有人　眼前有人似无人

眼前無人似有人　眼前有人似無人

释义：这是手足相合的一种进阶。练拳以宁神静气为第一要点。前者是练功的心境，后者指实战的境界。功至臻熟，自如应变。

107. 步落招成　打招如闪电

释义：有的拳法讲究『一步一桩』，这与『运劲如抽丝』的拳理正好相对，但各有用处。只有在打法上『见缝即插，有隙即钻』，才能实现『闪电战』。

108. 步灵无定式 功发有阴阳

步靈無定式 功發有陰陽

释义：实战中，一般步型都讲究弓不弓、马不马、丁不丁、八不八。不止太极拳，很多拳种也讲阴阳。

109. 上打眼喉下打阴

上打眼喉下打阴

释义：人体的眼、喉、阴部都是最脆弱的地方，所以实战中要加以有效防护。

110. 掌心力从足心印

掌心力從足心印

释义：说的是上下相随，完整一气。明三节，知三盘。步要促，身要逼，胯要催，肩要松，气要沉。

111. 枪扎一线　棍扫一片

枪扎一线　棍扫一片

释义：武术器械中，枪法与棍法明显不同。枪是诸器之王。所谓『来如箭，去如线，指人头，扎脚面』，即形容枪的威力。

112. 五阴并五阳谓妙手

释义：陈鑫言『纯阴无阳是软手，纯阳无阴是硬手，一阴九阳根头棍，二阴八阳是散手，三阴七阳犹觉硬，四阴六阳显好手，唯有五阴并五阳，阴阳无偏称妙手。』

113. 全身是手手非手

全身是手手非手

释义：这是比『全身处处皆是手』更高一乘的攻防功境。

114. 全身稳如山 支点力如簧

全身稳如山　支点力如簧

释义：八极拳的口诀。能动能静乃拳道之圣。以静制动，后发制人，这是一种打法。

115. 降龙伏虎神仙事　学得真形也卫生

释义：拳法的不同之处，多是心法的区别。无论学到哪个层面，只要是正确的路径，至少对身体康健都有一定益处。

116. 混沌一体太极象 令敌无处测阴阳

混沌一體太極象 令敵無處測陰陽

释义：源自通背拳谱。通背拳擅放长击远，但也讲究太极阴阳，应敌某一瞬间显示出无影无形无刚柔的外相。

117. 沾衣发劲冷急硬

沾衣髮勁泠急硬

释义：通背拳，取其通背之力通于肩，贯于手；探指之力，意由探背、松肩、合肘、顺膊、舒腕，劲贯手指，探至极处，是沾衣发劲之法。

118. 机关在眼　变通在心

機關在眼　變通在心

释义：眼观六路，耳听八方，前面有很多关于『眼』的阐述，可参看。关键是变通不易，后天之心是需要修炼的。

119. 练时有规　用时无定

释义：这基本上是传统武术的共识。练时规规矩矩，无微不至；用时才能随机应变，有的放矢。比如，太极拳的养身架子是以身带手，技击架子则是以手带身。

120. 向上一路 千圣不传

向上一路 千圣不传

释义：这句后面还有『学者劳形，如猿捉影』之句，表意似乎在说，圣人不会指点更上乘的道法。事实上，圣人都是慈悲的，提供种种方便，唯有解脱不能传授，须自悟。而这种悟是无法传授的。众生各有因缘，根基参差，并非都能信受奉行向上解脱。那么，应用到武学中，一样的道理。很多高手的内功不完全都是师傅传教，得自学自悟。

121. 玩而求之

释义：我的师傅经常说到『玩』字，我平时练功也是『玩』的心态。玩着、玩着，不知不觉就长功夫了。内功是在明理的情况下玩出来的。

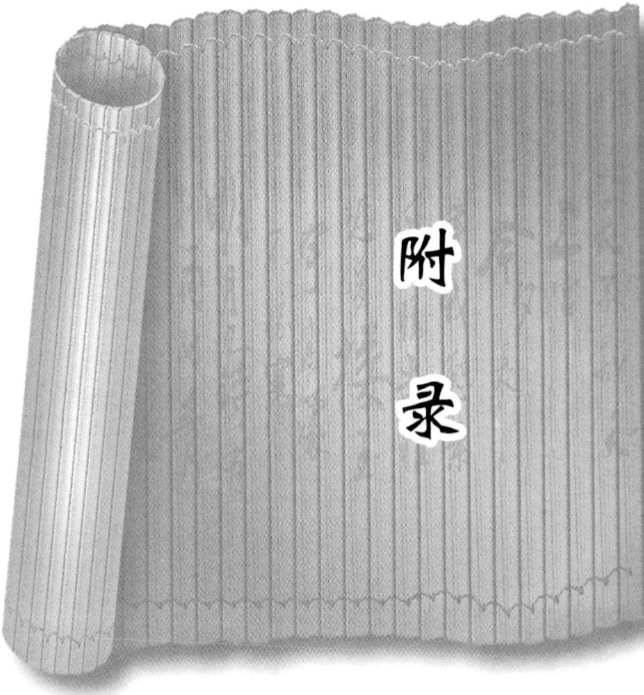

附录

致公武学

1. 致公太极说

无极生太极，太极生两仪……

若欲『人中之人』，当学『无极生太极』；

若欲『人上之人』，必学『太极生两仪』。

两仪生四象，四象生八卦，生生不息！

成人之路，从无知到有为；

成事之道，从无为到可为。

恋爱要谈出『阴阳』，婚姻要做好『阴阳』；
合同要知晓『阴阳』，交易要守住『阴阳』。

道可道非常道，名可名非常名……
先哲的言外之意，则要心领神会。
若明『道后之道』，还需身体求证；
若明『名后之名』，应有灵魂真悟。

武学桩功乃『众妙之门』！
站桩，身心回归『无极』；
站桩，能够站成『太极』；

站桩，可以绽出『两仪』。

纵观传武世界，太极意象实为巅峰的景象。
环视武传江湖，太极百相皆是婆娑的映像。
名曰太极，不一定是太极拳；
名曰太极拳，不一定以套路为炼。

太极，一种精神的境界；
太极，一种心灵的运动；
太极，一种生命的能量；
太极是中华瑰宝，炎黄的福荫！

2. 致公推手说

140亿个脑细胞，
639块肌肉组织，
206块骨骼构成，
精密的人体，是武学的载体。

三节四梢，
五脏六腑，
九大系统，
精妙的布局，乃武学的空间。

十二条经络，
奇经八脉，
上中下丹田，
精巧的内在，有武学的秘笈。

太极推手，武学的体用，
不仅需要知己，更要知彼；
四正四隅，八法五步，
敌我之间，运筹帷幄。

中医经方，是本草与本草的推手，
从『伤寒』到『金匮』一百多付经方。
辛甘发散、酸苦涌泄、味淡渗利，
阴阳表里、虚实寒热，病理之太极。

阴平阳密，精神乃治；
阴阳离决，精气乃绝。
热极生寒，寒极生热。
药简力专，上工治未病。

中医是科学，西医是科技；

中医以意治病，西医以形治病；

西医用抗生素强力杀死细菌，但会卷土重来；

中医是用经方消导清除，改变病毒生存环境。

中医是物理医学——

速度、温度、时间、压力。

宁可虚不可实，宁可不足勿有余。

中医的最高法则是阴阳辩证。

太极推手，就是对阴阳的掌控。

太极套路，就是经方。

经典之方，无非阴阳平衡、太极转化；
经典之方，无非五行相生相克。

3. 致公呼吸说

活着——
是上天对生灵最大的馈赠；
活着——
是所有愿景的根基和动能。
『活』字构成于水和舌，
一个湿润而灵活的舌意味着活着的状态与质量。

舌下有水——
是金津玉液，古人称之为长生酒；
舌下有水——
是练功修道的一个共性现象。
舌抵上腭搭鹊桥接通任督二脉小周天，
一吸便提，一提便咽，息息归根，水火相见。
息，是呼与吸的间隙。
凡人，奔忙于活着，只能自然呼吸；
道人、武术人，活出内在，炼出丹田呼吸；

真人，超越外在与内在，活于高维，归于胎息。

口鼻呼吸、腹式呼吸、以踵呼吸，千百种呼吸。

呼吸之间有真意，可养、可药、可敌。

『尚存一口气』。

『活着就为一口气』。

『一口气』的民间俗语很多，说明了气的重要性。

气来自呼吸，练成太极者就能得神气。

气之功应有师传，不走旁门左道。

顺成人，逆成仙，自古内功一气引。

呼吸，不仅是吐纳，更是一种智慧。

灵活驾驭呼吸，让身心开合更自由；

灵活驾驭呼吸，人情世故更得心应手。

呼吸之法需要正身、正心、正念，通关展窍。

呼吸之道就是生死之道、生存之道。

活着，呼着，吸着，给自己元气，给人间元气。

4. 致公套路说

踢翻沧海，喝散白云。

大地尘飞，虚空粉碎。

武术前辈寥寥数语点破功境。
武术套路是登顶功境的路径。
套路分为练法、演法、打法，
同样一个套路，不同心诀不同呈现。
某些独到的心诀可以演化，可以开宗立派，
比如太极拳的种类繁多，就是基于这个因素。

练法，往往以『养』为旨要。
精气神不外散谓之『养』。
慢练，拳架无可无不可，因人而异。
气势内收、内丹不漏。

神敛入骨、内外三合。
一个套路演练下来身心愉悦，
体内温热，体表微汗。
持之以恒，神满气足。

演法，注重舒展、美观、大方。
手眼身法步同时亮相，
一招一式注入精气神，
大开大合、大起大落，
松活弹抖、惊艳四座，
这种套路多用于赛场或是舞台。

酣畅淋漓，易于疲乏，
筋骨负荷，易于挫伤。

打法，练出无人似有人，招招似实。
神领无散骨，唯快不破，劲力多变。
眼毒、心毒、手毒，拳法入化。
刚柔明暗、力达四梢，
如履薄冰、鬼魅无形，
心意行拳，行住坐卧皆是拳意。
无为大道，随时可为；
性命双修，不生妄念。

华夏文明宜走中庸之道。

中者，不偏不倚，中心致和。

修行人应修中、守中、养中；

武术人应练中、化中、打中。

任何一种武术套路都是心法的载体。

没有依托心法的套路都是体操。

习练者应有传武基本功，先筑基再学套路。

习练套路可以因时因地因气机择用心法。

5. 致公心法说

心法，心之法。

心藏神，法即是神。

心法是一种非常灵性的东西。

禅宗有『机锋』，

形意拳也有『给句话』，

师父点拨一两句，即感功夫上身。

当今武林，

教拳的多，传功的少；
讲招的多，传理的少。

上道有上道的心法；
入门有入门的心法；
悟进去还得练出来。

心法好比红绿灯，
红灯停、绿灯行，
约定俗成，习惯成自然。

心法也是道法。
衣食住行都是道；
立身处世皆有道。

道法就是准则。
不生不灭，但可增可减，
而准则不一定是道法。

形意有『惊尾椎』；
八卦走『趟泥步』；
太极藏『向心』与『离心』。

通背传「沾衣发劲」；
八极练「晃膀撞天倒」；
长拳教「手眼身法步」。

百会上领，舌抵上腭，气沉丹田，
沉肩坠肘，含胸拔背，松腰掖胯，
命门后撑，提肛裹臀，尾闾前卷。

守住中定放开打；
搭手加功夫，出手见高低；

根在脚，发于腿，主宰于腰，形于手。

心法千百种，入武林需有道。
武境更要有诀，『诀』是密钥。
假传万卷书，真传一句诀。

孔子说，朝闻道，夕死可矣。
『诀』是秘传，也要亲自证悟。
我的『诀』唯『一』，抱元守一，一有百有。

6. 致公筑基说

筋骨皮能松、能紧，
精气神能收、能放，
局部与整体能开、能合，
丹田能大、能小，能虚、能实，
达成这样的功夫需要筑基。

练松腰——面壁靠墙；
练肩臂——乌龙盘打；
练两足——跑马奋蹄；

练大筋——朝天蹬、横竖一字马；
练轻功——鸭形狗步、缩阴功、回龙汤。

练腰劲——抖大杆；
练肩胛——打井水；
练腿根——铁裆功；
练螺旋——转七星；
练脊柱——玩大龙。

开肩、开背、开胯、开骶，
大到脊柱，小至指关节都需打开。

撑筋拔骨，各门派均有独到的单操功法。
小功法加口传心诀，事半功倍。
然，俗语『给我十两金，不传一口意』。

站桩，是武术入门入道的途径；
无极桩，将身体清零，恢复原厂设置；
浑圆桩，忘掉身体，找回先天；
伏案桩，吸收大地能量，改变重力；
三体桩，炼出整劲，防身御敌。
桩功千百种，需有师傅面授。

否则难题层出不穷，困顿缠身。
初学者以无极桩入手为宜。
太极拳习练者站混圆桩助养身心。
桩功收功后多遛，勿立即如厕。

传统武术都与传统文化关联，
尤其突出的是道家精神，
相关的古籍、论述多多翻阅，
武术前人的著作应作拳理参考，
对『真善美』的武德修行也不可缺少。

7. 致公周天说

四季轮转是万物生长的周天；
昼夜更替是大自然吐纳的周天；
细胞新陈代谢是维持活力的周天；
无论卵生胎生，生灵有繁殖的周天；
生老病死是佛家因果轮回的周天。

十二经脉有各自的周天；
营卫之气有各自的周天；
每个人都有却少行的无漏周天。

周而复始，循环往复。
神足不思眠，气足不思食。

道家周天得需性命双修。
周天通，如母亲对胎儿不断供给氧气。
婴儿出生，脐带一断，周天中断。
上断于口，下断于谷道。
至此，从先天的元神转为识神主事。

开丹，通关，展窍。
打通任督，行小周天，

打通中脉，开大周天。

小周天知己，大周天知人。

真气从之，四通八达，天人相应。

有为地调形，无为地入境。

鼻拉直，眼拉横，两眼看两眼。

其实就是搭建生命绿色通道。

高高山顶立，深深海底行；

跳出三界外，不在五行中。

丹田如火烧，两肾如汤煎。

待气练到脚心，才算通三脉七轮。
气脉通，脚跟会动，浑身敞亮。
顺逆呼吸，胎息，毛孔呼吸；
心息相依，意气相随，神行气行。

性无命不立，命无性不存。
换个角度，物质为空无，精神才实有。
大小周天路径修炼犹如一场创作。
入境如同心灵艺术，神圣的知觉撼动。
时空、状态不同，每次的功境亦不同。

武学上的周天源于道家周天。
虚静、慈悲心的武者易于成就。
禅师言，道用人情世岂知。
有情来下种，因地果还生。
或烹炼，或集炁，或导引，或念咒。

武术周天功是内功的体现。
通过真意，调动元气、元精、元神，
可以长生、救人、御敌、预见福祸，
应用还需养护，保持正道正缘。
在周天驾驭自性，我命由我不由天。

8. 致公丹道说

内家拳与丹道有千丝万缕的关联。
尤其太极拳，正是内丹的外架、外用。
拳法本身不重要，炼出内丹才是关键。
互联网及很多自媒体避而不谈，
或对其拳道原理没有根本认知。

丹道，炼丹之道，金丹大道。
内丹非实物，而是精气神凝聚的能量体。
得内丹，得先天的般若大智慧；

得金丹，得五眼六通的特异功能。

安炉置鼎，清心寡欲，卷舌塞喉。
万念化一念，一念化无念，收心止念。
返观内视，意守丹田，玄关一窍。
胎从伏气中结，息停脉住，忘言为用。
慢守药炉看火候，但安神息任自然。

饮刀圭，抽坎添离，还精补脑。
吸、提、嘬、闭，惟恍惟惚。
金丹全凭火候得，用逆呼吸运河车。

升阳火通督脉，降阴符通任脉。

先结丹转周天，不结丹是气丹。气丹，人死则无，而金丹超脱生死。循督脉上升的同时，金丹就被五脏六腑吸收。再变成纯阳之气上到头顶后再下任脉，下来的时候变成玉液或金液，还丹。

潜气运行，识神退位，元神就位。自身夫妻自交媾，直到六根震动。十月怀胎，三年温养，婴儿显形。

出现身外身的功境，阳神出窍。
最后是阳神成就，即不死虹身。

清修之外，还有女丹功及男女双修。
道家丹鼎诸门派入手不同，步骤相似。
由『炼精化气』筑基，过渡到『炼气化神』，
到达『炼神还虚』之后，还有『炼虚合道』。

自古丹道，明传命功，默传性功。
大药、小药，金丹传法不传火。
顺成人，逆成仙，全在颠倒颠。

道家名成道，佛家名成佛，儒家名成圣，

而在于武行，就是武林高手、宗师。

神藏气内一丹成，丹静则养，丹动御敌。

空空洞洞一气游，脐下之珠上指尖。

搭手加功夫，出手见高低。

炼丹练武，即是颐养或使用精气神之珍宝。

9. 致公择师说

『凡不根于虚静者即是邪术，

凡不归于易简者即是旁门。』

修道练功打拳，需有明师点拨。

明师不一定非得是名师。

高手往往淡泊名利，

真理往往寥寥数语。

讲道的老师如果频繁喝水，

不可学。

因其体液没有良性循环。

修道的基础得金津玉液充盈。

说功的老师如果行卧有碍，
不可学。
因其筋骨不在正常轨道。
练功的基础要周身爽利。

教拳的老师如果疲乏急喘，
不可学。
因其经脉未能通畅，
打拳的基础应是神清气朗。

无论养生还是竞技，

没有健全的体魄无以为师，
没有德才的历练无以为师。
为师者，身心内外积聚着精气神的涵养。

明师，明理、明心、明法；
明师，首先是真善美的化身；
明师，不擅功利，更不追逐名利；
明师，如友如亲，宽厚待徒；
明师，可遇不可求。
恰到好处地修行，才能恰到好处地相遇。

10. 致公授徒说

古之学者必有师。
师者，传道授业解惑。
古人道出为师的本质。
当今武林中，
有些人借『师』谋取名利、拉帮结派，
偏离了《师说》。

道之所存，师之所存。
三人行必有我师。

圣人无常师。
是故弟子不必不如师，
师不必贤于弟子。
虚心行世，胸怀天下。

只闻来学，未闻往教。
格物致知，正心诚意。
传习《礼记》，修身齐家治国平天下。
从武术抱拳礼到武学传授，
遵从古训，以古鉴今，
礼仪之邦，武林讲礼。

佛法无边，
无缘不可度。
传功授法也需缘分。
得意得心的苗子，
是一种际遇，
两者互为成就。

给我十两金，不传一口意。
为道日损，大道至简。
自古内功珍秘不落是非，

因而衣钵相承千里挑一。
然而，向上一路千圣不传，
或顿或渐，须自证取。

譬如太极拳授学，有徒求知若渴。
首先，简述太极拳的来龙去脉。
其次，学拳先站桩，自无极桩入手；
同时，肢体基本功训练、养生禁忌。
再次，起势、套路、收势。
最后，因人而异，传之心法走向风格。

感恩：我的武术老师

胡春泉，1967年生，安徽人。现为中国武术协会副主席，安徽省武术协会主席。先后随少林拳师释永文、张庆贺、乔黑保等苦修少林武术，精研少林拳、械、气功等，后又向吴连枝、王远明、张山求、李恩九等求艺，还先后得到过少林寺德禅、行正、德宗、韩普申、于海、于承惠等前辈的教诲与指导。擅长少林小洪拳、大洪拳、纫手通臂拳、罗汉拳、朝阳拳、龙拳、四段功、双鞭、绳鞭及八极拳、陈式洪派太极拳等。

王和林，1953年生，北京人。主要习练八卦掌，对程式与尹派都有正宗传承，但最终归于尹派。1968年拜刘兴汉先生习练程派八卦掌，为五代传人永字；1970年带艺投师柳世昌恩师（尹派）至今。

吕海峡，1956年生，河北冀州人。师承洪洞通背拳第八代传人徐凤山及民间陈姓师傅。主要习练长拳、洪拳、罗汉拳、三皇炮锤、铁砂掌、洪洞通背拳以及点穴绝技。其曾祖父的哥哥，擅长轻功，搂底飞腾法，飞檐走壁，进村不走路而走房檐，没有后代，家族不让子孙学习。吕老师只图玩得高兴，不想进入武术行业。他的少林拳陈姓师傅说，结婚后就不要练铁砂掌。

董亚生，1961年生，北京人。民间稀有拳种蛇鹤太极拳传承人，九节鞭是曾奇传授，流星锤受教于赵英杰老师。

韩绍先，1954年生，山东人。中国武术七段。陈式太极拳第十二代传人。跟洪均生先生及李恩久老师学习陈式（洪传）太极拳一路和二路；同马虹老师习练陈式传统太极拳新架一路、二路及推手技巧基本功等；同陈小兴老师习练陈式太极拳老架一路及刀、剑等；同张志俊老师习练新架一路、二路和太极推手实用技巧等。

郭孝敏，1950年生，北京人。受教于河北的李天增，主要习练传统杨式太极拳。传授传统杨式太极拳108式、24式太极拳（与常见不同）等套路。

常春生，1956年生，北京人。自小跟其镖师表爷、大叔习练六合形意拳、白猿通臂拳、八级拳、梅花拳、阴阳八卦掌、杨家拳等传统武术。

此外，还受到宋式形意拳传人孙老师等武术家以及张至顺八部金刚功的传人刘道长、全真教自称疯癫道人的刘道长、青城太极传人孙道长、正一教张道长等多位道教修行人的点拨。

我的老师们并非江湖上流传的所谓武术名家，我把他们记录在这里，也是为了对民间那些默默无闻的武术人表达崇高的敬意！

写在后面

前人说，『练武半辈子，一句话教徒弟』『宁可教人十手，不愿意传一口』。是的，每一个诀都是得道者用心意悟出来的，几天、数月或历经多年。得出或悟到每一种心法，是基于特定的功态情境。正如前人说过『法法自生，法法自灭』，但是对于后来者还是一个捷径。心诀的妙处只能自己在实践中领悟和体察，通过语言完整解析是有限的。不过对于高手，还是可以从些许的蛛丝马迹中看出端倪。

寻道的人最重要的是要『开窍』，整本书看下来，心领神会就意味着你开窍了。至于开的哪个窍，因人而异，这与你的为人处事有关，与你的身心基础条件有关，与你一路走来的修行有关。

『一根得返还，六根俱解脱。』观音是修耳根入声音闻定；达摩祖师是以修意根入明心定；释迦牟尼是以观星悟道；魏伯阳以守身根练就金丹。还有修眼根、鼻根的。无论哪一根都能作为修道的途径，但须做到『守一』。我认为自己本身是属于不自觉地进入眼尘的修行和眼根的证果。眼根在佛家基本有四个层面：浮沉根（肉眼构成）、胜义根（视神经）、识心分别（动念。眼识是心法，不是物质）、真如本性（能见的见分，所见的相分，自体分。开悟的人没有见相二分。不悟的人、动念无明的人见相二分，能缘心、所缘境，一直攀缘外境。离一切相，从见分下手，如如不动，不取于相，剩下相分不起作用）。

十多年前，我独自一人潜入京郊犬类黑市，耗费半年时间明察暗访，目击了平凡生活中隐藏着的血腥，并为之著书，引发一定社会效应。后来我就更加关注身边的动植物，默默地为它们付出很多常人难以理解的奔波、辛劳与坚持……而就在最近这本新书的完稿过程中，小区周边又发生了几种小动物被毒死事件，其中包括一只我曾救助又放生的喜鹊『喜儿』。由于被环卫工人丢进垃圾桶送到垃圾站，为了找回来入土为安，我前往垃圾中转站通过层层筛查确定了运它到焚化场的具体箱车……为此，我等于把北京市环卫工作链做了全面了解。然而这件事，却让我悟道了……

佛说五眼看世界，肉眼看到的全是名利；天眼看到无尽轮回；法眼看到的皆是因果；慧眼看到的尽是幻想；佛眼看到的都是慈悲。话说回来，我学武术最初的动机是为了与伤害小动物的人对抗时能更加胸有成竹。早期是买书自学。后来，我和几位武术老师的相遇也都与动物救助有关。

王和林老师有个师弟开武医理疗所。我有个朋友在做野生动物保护相关的工作，他经常带人去那里调理身体。有一次我要找他商量关于动物救助的事情，他正好就在那里，那天王老师刚好也在。我的这个朋友总说我心地善良。王老师说他喜欢这样的孩子，他也经常给流浪猫投食，我们志同道合，于是就联络了起来。他教我站桩、行功和睡功。后来他听说我在学太极拳套路，就教我练眼神和任督重关打通的窍门。我们每隔一段时间就见面交流一下。王老师在年轻的时候就已经练出东西，经常给人看病，徒手治病。近年，王老师才跟我讲八卦本门的东西。

董亚生老师退休前是通州看守所的干警，我在多年前因为救助流浪狗，经常跟警察打交道。有一天有个民警朋友给刚刚在武术锦标赛中摘得金牌的董亚生接风洗尘，正好饭馆在我家附近，就顺便叫上我。聊天过程中，我半开玩笑说要拜师，但由于我们方位距离甚远，他推荐了就近的韩绍先夫妇。但后来我还是跟董老师学习了九节鞭，并对蛇鹤太极做了一些了解。

韩绍先夫妇都是专业的书画家，但都十分痴迷武术。我主要是跟他们学习陈式太极拳新架、国家竞赛套路和推手套路，以及各种器械套路。韩老师非常能喝酒并喜欢结交各路朋友，所以经常有聚会。我也经常受邀参加，餐后总会打包食物喂给小动物。为此，我还学会了喝酒。

几乎在同一时间，因为给一条迷路的德国牧羊犬找主人，我认识了吕海峡老师。我曾经路过一个野林子，看见有人在那里牧羊，羊群里有几条德国牧羊犬。我认为这只迷路的德国牧羊犬可能是牧羊人疏忽跑丢了，就去那里等羊群。谁知道那天羊群没出现，却遇上吕老师。当时他就在那里练功。然后我一边等牧羊人一边向他讨教。他说看我那么好学就让我有空来林子，正好他也有其他徒弟到这里来。吕老师在我眼里相近于薛颠那样的人物。他帮我撑筋拔骨，讲各种内功修练功法，更多的是教我散手、推手。我喜欢听他讲他年轻时候练拳、打人的故事。

胡春泉老师，是我在台湾武术比赛中结识的，也跟动物有关系。那年，有一条我经常喂食的流浪狗被工人杀了吃，我内心无比悲痛。当时有个武术世锦赛在台湾举办，正好没去过台湾，于是就报名参加了。胡老师特别随和，我感觉和他特别投缘，经常向他请教。活动结束各自分散，后来胡老师来北京办事，我邀请他来工作室做客，他无私地教我各种传武知识，并不厌其烦地示范。

郭孝敏老师，是吕老师介绍我认识的，他非常淳朴，年轻时因为工作的性质，身体不太好。后来拜师习练了杨式太极拳，健康状况明显改善。我跟他主要学习了传统杨式太极拳108式套路，我非常喜欢这套拳。

常春生老师，是我在郭孝敏老师拳场结识的一位拳友引荐的。我们两个单独跟郭孝敏老师学习了杨式太极拳散手套路，所以关系较近。他跟常老师是在公园推手时认识的，他认为常老师是有真功夫的。常老师教我七锤、摇摇转、颤手功、绵砂掌等功法，以及秘传的拳法，人体死穴的识别，掌拳在技击实战中的使用要点、技巧、一招致命等等。

练功不是一根筋地在身体上下工夫，而是要融入生活。每天我要遛狗，正好练练行功，而且行路过程中有很多灵感。『道』一字就是走之底；每天我拎着食物和水给各种需要关照的小动物投食，也无形当中锻炼了我的筋骨力，这一点让我想到了少林寺小和尚打水挑水实际上就是练功；从植物生长看到螺旋劲；人生至暗时刻跌入谷底，却明白了气沉丹田与气到脚底的意义和体感；与伤害小动物的坏人对峙，悟到了武术技击中『杀意』的冲动性与本我、自我及超我之间的角逐；经常参与救助小动物，则让我懂得了舍得的阴阳关系。生命里的很多看似不经意的无为和有为都是修道、修行的路径，关键是不忘初心，真正的初心是你内在真实的独一无二的本源。

人为什么会生病？一般都是伤神了！练功的时候容易受风、受惊，可能是那一刻元神出来了。为什么说情志类的病不好治？是因为神伤了。神的能量消耗多了会生病，消耗没了人也就死了。所以说，我们要养神，中医讲阴平阳秘。

武术到底能不能打？答案是肯定的，平时练功都是为了关键时刻一用。但真正打人的时候，套路中的一招一式不太派得上用场。打人没那么难，关键是一个『毒』字与技巧要害，加上内功的感性和武学的理性就能游刃有余。从实用方面，有了内功，方便了日常生活，你的劲力、胆子就比普通人大，你的感知力也比一般人灵敏。

那么套路有什么用？它是前人编出来的，作为练功的载体，相当于建房子给你材料和说明书。怎么建，建成什么样，那是你自己的认知决定的。还有很多自媒体的武术人经常表演各种发力，从修身养性角度，我并不赞同这样的做法。

人是多维的载体，关键是以哪个角度看自己。建议读者去翻翻我的前一本著作《生命的功课——杨珊摄影诗集》。这本书有很多我对生活的观察，其实我自己给它的定位是诗化的炼丹笔记，也可以说是武道的筑基随笔。两本一起看应该更有助于提升悟性。

最后，我想说内功的世界是虚静的世界，虚静是唯一的通行证。以虚御实，以静观动。谁虚得透、静得纯，谁就是王者。

初拟于2023. 12. 03

修改于2024. 09. 21

定稿于2024. 11. 11